LOW FAT 30

FÜR SINGLES

Gabi Schierz · Gabi Vallenthin

LOW FAT 30

FÜR SINGLES

FALKEN

Inhalt

Ernährungsfrust der Singles

So schön das Single-Dasein auch sein kann, der Ernährungsstil, den man sich mit der Zeit angewöhnt, ist teilweise unter aller Kritik: Essen im Stehen vor dem geöffneten Kühlschrank, kein vernünftig gedeckter Tisch und Mampfen bei laufendem Fernseher. Keine Blümchen, keine Kerzen auf dem Tisch ... und dann Dosenfutter von Montag bis Freitag, oft genug auch noch am Wochenende.

Singles essen unregelmäßig und überdurchschnittlich häufig außer Haus, aber dann leider auch nicht in guten Restaurants. Im Falle von Singles bedeutet „außer Haus" nämlich meist Pommesbude, Pizzaservice, Gerichte zum Mitnehmen beim Chinesen und allerlei aus der Tüte, der Dose oder seit einiger Zeit auch in Portionsschalen. Auf jeden Fall ist dieses Essen nicht frisch und dazu noch wirklich schwer zu kalkulieren, was die Nährwerte und Inhaltsstoffe angeht.

Überspitzt könnte man sagen, dass es zwei Hauptsorten von Singles gibt: die einen, die eine Ehe noch vor sich haben, und die anderen, die (mindestens) eine hinter sich haben.

Die Ersteren sind – sagt die Statistik – fitness- und freizeitorientiert, die Letzteren froh, wenn Kabelanschluss und Telefon funktionieren und das Wochenende vorüber ist.

Klar, dass sich bei solchen „Fernseh-Junkies" Frust aufstaut. Besonders bei den Frauen, die fehlende soziale Kontakte und mangelnde Streicheleinheiten für die Seele mit Essen kompensieren.

Dagegen lässt sich aber weit mehr unternehmen als sich irgendein mehr oder weniger passendes Exemplar des anderen Geschlechts an Land zu ziehen.

Setzen wir einfach einmal voraus, dass man an der grundsätzlichen Situation des Single-Daseins nicht von jetzt auf gleich etwas ändern kann.

Setzen wir weiter voraus, dass der Single über ein eigenes Einkommen verfügt, das ein paar kleine Extras ermöglicht.

Und Drittens: Dieser Single sind Sie ... sonst hätten Sie sich dieses Buch wahrscheinlich nicht gekauft. Herzlich willkommen! Sie werden staunen, mit wie wenig Aufwand man erfolgreich abnehmen und sich besser fühlen kann.

Das LOW FETT 30-Erfolgsprinzip

Jetzt geht's los

Zugegeben, nicht jeder geschiedene Single hockt nur noch vor der Glotze. Dennoch verzeichnet gerade diese Zielgruppe einen relativ hohen Konsum von Fernsehstunden – sagen die gängigen Marktforschungsuntersuchungen. In den Kummerseiten der Frauenzeitungen können Sie dann ergänzend dazu lesen, dass so manchem mit der Zeit zwar die Decke auf den Kopf fällt, aber trotzdem der innere Antrieb fehlt, daran etwas dauerhaft zu ändern.

Sie möchten etwas ändern?

Sie sind mit Ihrer Figur unzufrieden? Oder Ihr Arzt meint, Sie müssten etwas unternehmen? Egal, ob Sie „nur" abnehmen möchten oder zudem Ihre Blutfettwerte und Ihren gesamten Stoffwechsel verbessern wollen: Mit LOW FETT 30 ist beides möglich. Denn LOW FETT 30 bedeutet nicht, Kalorien zu zählen, bedeutet nicht, nach Plan zu leben, zu hungern, sich elend zu fühlen. Mit LOW FETT 30 hört der Diätwahnsinn auf. LOW FETT 30 ist eine dauerhafte, „schmerzfreie" Umstellung Ihrer Einkaufsgewohnheiten und wirkungsvoller als jede kurzfristige Hungerkur.

Sie werden staunen, mit welchen alten Meinungen über „Gesundheit" und „Abnehmen" wir aufräumen ... und „trotzdem" wird es funktionieren.

Die drei Regeln von LOW FETT 30

Es gibt nur drei, total einfache Regeln und wenn Sie sich daran halten, werden Sie es kaum verhindern können, dass Sie abnehmen und im Laufe der Zeit fit werden.

Regel 1
Essen Sie nur, wenn Sie Hunger haben.

Regel 2
Hören Sie auf zu essen, wenn Sie satt sind.

Regel 3
Alles, was Sie essen, sollte LOW FETT 30 sein.

Jetzt müssen Sie nur noch wissen, was LOW FETT 30 eigentlich ist. Es bedeutet, dass maximal 30 % der Kalorien aus Fett sein sollen. Das ist nicht identisch mit „30 % Fett" oder „30 % Fett i.Tr.". Wenden Sie für die richtige Berechnung folgende Formel an:

$$\frac{\text{g Fett x 9 kcal x 100}}{\text{Gesamtkalorien}} = \% \text{ kcal aus Fett}$$

Das klingt zwar schwierig, man kann das aber üben. Zur Erleichterung ist im Falken Verlag ein spezieller Rechenschieber (ISBN: 3-8068-2473-8) entwickelt worden, mit dem Sie schnell und einfach rechnen können.

Wenn Sie nun eine Packung mit einer Nährwertangabe vor sich haben, setzen Sie die Anzahl der Gramm Fett und die Gesamtkalorien (jeweils pro 100 g oder pro Portion) in diese Formel ein und rechnen Sie. Ist der Wert kleiner oder gleich 30, können Sie sich an diesem Produkt satt essen. Auch wenn es sich um eine Torte, Pizzas, Kuchen oder Süßigkeiten handelt.

Klingt doch toll, oder?

Warum Fett fett macht

Kohlenhydrate (1 g Kohlenhydrate hat ungefähr 4 kcal) – und auch der oft verdammte Zucker ist nichts als Kohlenhydrate – werden direkt verstoffwechselt, um sofort verfügbare Energie zu liefern. Fett dagegen (9 kcal pro Gramm!) ist als langfristiger Energiespeicher gedacht und wird dann ebenso langfristig in den Depots (Oberschenkel, Bauch, Oberarme, Doppelkinn ... alles Depots!) eingelagert, falls ansonsten genügend Energie (aus Kohlenhydraten) vorhanden ist. Das heißt: Wenn wir bereits an Kohlenhydraten unseren Bedarf gedeckt haben, brauchen wir kaum noch Fett. Denn die Energie zum Laufen, Arbeiten, Schlafen, Atmen, Aufstehen und Setzen beziehen wir aus den Kohlenhydraten.

Das Fett ist für Notzeiten gedacht, zum Beispiel wenn es Hungersnöte gibt oder vielmehr gab. Denn wenn kalte Winter kamen und die Höhle kalt war, dann brauchten unsere Vorfahren viel Fett. Auch um einen direkten Schutz vor der Kälte zu haben, so wie die Robben im Eismeer.

Aber Sie und ich, wir haben Zentralheizung und Fleece-Pullis, warme Mohair-Jacken und dicke Strickpullover, Seidenunterwäsche und Nicki-Sweatshirts. Fett ist deshalb als langfristiger Speicher überflüssig geworden. Aber sagen Sie das mal Ihren Oberschenkeln!

Der einzige Weg, um nicht eines Tages zu rollen ist, Fett schon beim Essen drastisch einzuschränken. Dann haben Sie auch nichts, was in Ihren Körperfettdepots eingelagert werden könnte.

Besonders dramatisch ist die Nahrungskombination von süß plus fett, denn durch das Süße (zum Beispiel den Zucker in der Sahnetorte) steigt der Blutzuckerspiegel an, die Bauchspeicheldrüse schüttet Insulin aus, um den Anstieg zu bremsen und den Blutzucker zu senken. Das gleichzeitig gegessene Fett kann dadurch ungehindert und direkt in die Depots wandern. Wenn der Insulinspiegel nämlich hoch ist, findet keine Fettverbrennung statt.

Wenn Sie dagegen „nur" den Blutzuckerspiegel heben – also Kohlenhydrate essen – und kein oder nur wenig Fett zugeben, dann ist keine „depotfähige Ware" für Ihre Oberschenkel mehr vorhanden.

Die Folge: Im Rahmen des Fettstoffwechsels bedient sich Ihr Organismus wieder aus Ihren Depots, das Körperfett wird abgebaut und die unschönen Pölsterchen verschwinden.

Das Tolle daran ist, dass Sie durch die Kohlenhydrate – und durch den damit verbundenen erhöhten Blutzuckerspiegel – ständig gut gelaunt sind, manchmal fast euphorisch, und abnehmen, ohne auch nur einen Moment gehungert oder sich geplagt zu haben.

Fettstoffwechsel ankurbeln

Es wäre aber nun völlig verkehrt, auf Fett in der Nahrung ganz zu verzichten. Denn einige Fette sind „essentiell", also lebensnotwendig, und müssen durch die Nahrung zugeführt werden, weil der Körper sie nicht selbst herstellen kann. Träger von essentiellen Fettsäuren sind fette Seefische (zum Beispiel Makrele, Lachs, Hering) und kaltgepresste, hochwertige Öle wie Weizenkeimöl, Olivenöl, Rapsöl – um nur einige zu nennen.

Man unterscheidet weiter in „gesättigte", „einfach ungesättigte" und „mehrfach ungesättigte" Fette oder „Fettsäuren".

Alle tierischen Fette (mit Ausnahme der Fische) sind überwiegend gesättigt. Davon haben wir mehr als uns lieb ist, nämlich in unseren eigenen Depots. Hinzu kommt, dass die tierischen Fette maßgeblich für die Bildung des ungesunden LDL-Cholesterins, das die Arterien verstopft, verantwortlich sind. Diese tierischen Fette finden Sie im Fleisch und in allen tierischen Erzeugnissen wie Butter, Sahne, Milch, Schmalz, Wurst und Käse.

Ernährungswissenschaftler empfehlen, alle drei Fettsäuren zu etwa gleichen Teilen zu sich zu nehmen. Da wir an gesättigten Fetten genug haben, müssen wir nur für die ungesättigten sorgen.

Die einfach ungesättigten Fettsäuren sind für die Bildung des gesunden „HDL-Cholesterins" zuständig, dem Gegenspieler des LDL-Cholesterins. Einfach ungesättigte Fettsäuren finden Sie z. B. reichlich in Olivenöl (ein Grund für die niedrige Herzinfarktrate in den Mittelmeerländern), aber auch in Rapsöl und Sesamöl. Von den mehrfach ungesättigten Fetten empfehlen wir besonders das Weizenkeimöl, weil es neben dem höchsten Anteil an mehrfach ungesättigten Fettsäuren auch noch das meiste Vitamin E enthält.

Wenn Sie also eine kleine Flasche bestes Olivenöl und eine kleine Flasche bestes Weizenkeimöl zu Hause haben (beide Öle bewegen sich – in hochwertigster Qualität – bei 250 Millilitern im Rahmen von je DM 18,00), nehmen Sie jeden Tag je einen Teelöffel (nicht mehr!) für Ihren Salat, Ihr Müsli oder einfach aufs Brot. Und ansonsten knausern Sie mit Fett wie Onkel Dagobert mit seinen Talerchen! Nur wenn Sie die hochwertigen Fette – genauer Öle – zu sich nehmen, können die „schlechten" Depotfette auch tatsächlich verheizt werden.

Schalten Sie den Turbo ein!

Für eine optimale Fettverbrennung sollten Sie Ausdauersport machen. Ausdauersport ist jede körperliche Betätigung über 20 Minuten bei einem Puls zwischen 120 und 130 Schlägen (bei untrainierten Einsteigern). Bei Fitnessprofis kann der optimale Trainingspuls wesentlich höher sein. Um Ihre individuelle Trainingspuls-Zone zu ermitteln gibt es hervorragende Pulsmesser mit der Funktion „OWN ZONE" vom Marktführer POLAR. Die Anschaffung lohnt sich, denn so können Sie Ihr Training optimal steuern. Darüber hinaus erhalten Sie wertvolle Informationen über Ihren Fitnessstatus und Vergleichswerte, die Veränderungen sichtbar machen. Das ist viel motivierender als ein gut gemeintes „ist doch schon viel besser" von Ihrem Trainer!

Falls Sie finden, dass sich so eine Uhr nicht lohnt, setzen Sie den Kaufpreis mal in Relation zu den Aufwendungen für die verschiedenen Konfektionsgrößen in Ihrem Schrank, für die Pulverdiäten und die Abnehmaktionen der letzten Jahre.

Ab ins Studio!

Sie sind Single? Dann gibt es wirklich nichts Besseres als ein gut geführtes, größeres Fitness-Studio.

Falls Sie eine Frau sind, sollten Sie sich gut überlegen, ob Sie wirklich in ein reines Frauenstudio gehen wollen: Man sollte dem Schicksal zumindest eine Chance geben!

Falls Sie jetzt mit dem Vorurteil kommen, dass Sie sich genieren ... also mal ehrlich! Sie sind doch gerade dabei, was zu verändern, und das wird gerade in einem Fitness-Studio honoriert. Sie sind auch schon lange nicht mehr die einzige dort, die Übergewicht hat, und Sie sind mit Sicherheit nicht die älteste da ... selbst wenn Sie schon über 70 sein sollten.

Fitnessstudio heißt nicht, dass da alle fit sind! Also wirklich nicht! Das heißt nur, dass sich die Leute da mehr bewegen als die, die vor dem Fernseher sitzen bleiben. Aber im Fitnessstudio gibt es Dicke, Unsportliche, Hässliche, Alte ... wie überall anders auch! Diese Ausrede können Sie also schon mal getrost vergessen!

Hier ein paar schlagende Argumente für das Fitness-Studio:

1. Sie haben eine große Auswahl an Trainingsmöglichkeiten: Muskelaufbau, Fettverbrennung, Koordination, Fun und Ausdauer, dazu noch Sauna, Solarium und eine gelegentliche Massage.

2. Sie brauchen niemanden, um hinzugehen und Sie müssen sich dort nicht mit irgendwem unterhalten. Dennoch haben Sie die Möglichkeit, in Ihrem Fitness-Studio neue Leute – völlig zwanglos – kennen zu lernen.

3. Egal, ob es draußen stockdunkel, brütend heiß oder eisig kalt ist ... im Studio können Sie sogar jeden Tag etwas für sich tun. Das ist auf jeden Fall besser, als jeden Abend auf der Couch Kekse zu vertilgen!

4. In vielen Studios laufen vor den Ausdauergeräten permanent Fernseher mit Viva, Eurosport, N-TV und Soaps ... und Sie schlagen so zwei Fliegen mit einer Klappe.

LOW FETT 30 in der Single-Küche

Einkaufsplanung

So romantisch das Single-Leben auch sein mag, eine gute Küche ist für EINE Person häufig ein Problem. Kleine Portionen machen das Braten und Schmoren, Aufläufe und selbst Salate schwierig. Und dazu kommt die Notwendigkeit, alles alleine zu erledigen. Vor allem das Einkaufen ist für viele Berufstätige ein Wettlauf mit dem Ladenschluss. Seit die Geschäfte bis 20.00 Uhr geöffnet haben, ist es zwar etwas leichter geworden und wer eine gut sortierte Tankstelle in der Nähe hat, kann sich auch noch mitten in der Nacht mit Essbarem versorgen. Aber wenn man einen guten Job hat, ein hoffnungsvoller Trainee oder engagierter Selbstständiger ist, dann befindet man sich um 20.00 Uhr oft genug noch im Büro und „in der Tanke" gibt es eben kein frisches Obst und Gemüse, außerdem ist die Auswahl generell sehr bescheiden. Das heißt: Sie müssen Zeitvorteile durch vernünftige Planung schaffen. Klingt gut, ist aber letztlich auch eine Frage der Ausstattung.

Wer gerne und gut isst und sich darüber hinaus nicht scheut, für sich alleine zu kochen (tun die meisten Singles nämlich laut Statistik), ist gut beraten, sich erst einmal einen Tiefkühlschrank an Land zu ziehen.

Damit wären schon mal guter Fisch, gutes Fleisch und „fangfrisches" Gemüse ständig verfügbar.

Abgesehen davon lassen sich auch viele Gerichte gut einfrieren, nach dem Motto „vier Portionen kochen, eine essen, drei einfrieren". Wenn Sie nicht drei Mal hintereinander das Gleiche essen wollen, ist ein größeres Exemplar der Gattung Tiefkühler empfehlenswert.

Küchengeräte

Das Blöde ist, dass in vielen kleineren Wohnungen die Küchen winzig sind und damit Stauraum fehlt. Deswegen sollten Sie lieber gleich eine richtig große „Alleskönner-Küchenmaschine" anschaffen als einen Mixer, einen Pürierstab, drei verschiedene Raspeln, eine Nudelmaschine, eine Saftmaschine und so weiter.

Sie brauchen weiterhin eine gute, beschichtete Pfanne (oder Bratfolie), einen Bräter und Küchenmesser, die richtig schneiden.

Eine Salatschleuder ist ebenfalls sehr sinnvoll, denn abgesehen von den meist schlappen Fertigsalaten hat man mit „Kaninchenfutter" im Single-Haushalt folgendes Problem: Ein kleiner Kopfsalat ergibt

Vorratsliste

Was Sie immer im Haus haben sollten

Produkt	Lagerung		
	Tiefkühl ✱✱✱	Kühlschrank	Schrank
Brokkoli, Blumenkohl, Spinat, Rotkohl …	+		
Tomaten, Kohlrabi, Gurken		+	
Nudeln, Reis,			+
LOW FETT 30-Pommes	+		
Brot (div. Sorten)	+		+
Gewürze			+
Cerealien			+
Tomatenmark, Ajvar, Relishes, Ketchup		+	+
Magere Varianten Joghurt, Quark, Milch …		+	
Obst (möglichst ballaststoffreiche Sorten)		+	
Trockenobst			+
LOW FETT 30-Knabbersachen			+
LOW FETT 30-Süßigkeiten			+

(s. Nährwerttabelle ab Seite 72)

schon eine Riesen-Schüssel und dann hat man noch nichts fürs Auge dabei wie Radiccio, Gurken, Radieschen, Mais, Thunfisch (ohne Öl), Tomaten, Paprika und vieles mehr, vom Luxus verschiedenster Blattsalate in einer Schüssel ganz zu schweigen.

Sinnvoll ist es also, wenn man für drei Tage Rohkost einplant und den kompletten Salat wäscht, „entviechert", schleudert und die beiden restlichen Portionen (in einer verschließbaren Kunststoffschüssel oder einem Frischhaltebeutel) aufbewahrt. Auch Plastikdosen kann man fast nicht ge-

nug haben: für den Schinken, der sich länger halten soll, den restlichen Salat, das fertige Brot fürs Büro, den Rest Nudeln … Ein Wasserkocher ist ebenfalls nicht schlecht, um beispielsweise die verschiedenen Tütensuppen, einen heißen Tee oder Kartoffelpüree aus der Tüte schnell zubereiten zu können, denn wenn man das im Topf macht, hat man bestimmt schon fünf Sachen aus dem Kühlschrank verschlungen, ehe das Wasser überhaupt kocht!

Dann ist es natürlich noch sinnvoll, diverse Fertiggerichte vorrätig zu haben, falls man mal so gar keine Lust zum Kochen, wohl aber zum Essen hat. Denn das ist allemal besser, als schnell zur Pommes-Bude zu rennen.

LOW FETT 30-Süßigkeiten

Sie haben richtig gelesen. Es gibt auch Süßigkeiten, ganz normale Markenprodukte, die „zufällig" auch noch LOW FETT 30 sind. Die bekanntesten dürften die Gummibärchen samt Verwandten sein. Alles was also an den Zähnen klebt (von Kaudragees über Kaubonbons bis hin zu Gummitieren) ist LOW FETT 30. Auch Schaumwaffeln, Nappos, After Eight, Smarties und Super-Dickmanns gehören zu den LOW FETT 30-Süßigkeiten. Der Geschmack bleibt also nicht auf der Strecke.

Falls Sie zu den „Zuckerfressern" gehören, dann leisten Sie sich fünf Packungen von Super-Dickmanns, stellen Sie sich diese an einem Freitagabend hin und haben Sie kein schlechtes Gewissen, wenn Sie Samstag noch mal Nachschub holen. Es ist erlaubt! Kein Grund, sich mit Zurückhaltung zu quälen.

Sie werden ruckzuck merken, dass die Süßattacken weniger werden, bei den meisten verschwinden sie sogar völlig. Kein Wunder, denn durch das „freie" Essen wird auch der Kopf frei. Das zwanghafte Stopfen fällt weg. Und wenn Sie nachts um

3.00 Uhr Ihren Kühlschrank besuchen (man muss ja schließlich kontrollieren, ob innen im Kühlschrank auch nachts die Beleuchtung funktioniert!), dann werden Sie nur Sachen finden, die LOW FETT 30 sind. Guten Appetit!

Trinken Sie genug

Gleich vorneweg: Alkohol ist nicht LOW FETT 30. Er hat zwar kein Fett, „blockiert" aber Ihre Leber – und die brauchen Sie für die Fettverbrennung. Abgesehen davon macht Alkohol hemmungslos und obendrein gefräßig. Wasser dagegen ist perfekt, in allen Sprudelgraden, und je mehr, desto besser. Mineralwasser ist übrigens wesentlich besser als Tafelwasser, auch wenn „Tafelwasser" so elegant klingt.

Achten Sie auf den Zusatz: „Zur Zubereitung von Kindernahrung geeignet". Das bedeutet, dass ein derartiges Mineralwasser nicht so viel Salz enthält. Oder Sie wählen eines, in dem viel Magnesium ist. Das ist besonders gut, wenn Sie Sport machen.

Ansonsten empfehlen wir Ihnen den Besuch eines Tee- oder Bioladens. Dort gibt es tolle Kräuter- und Früchtetee-Mischungen, alle ohne aufputschende Inhaltsstoffe, von Mondphasentees über „Gute-Nacht-Tees" bis hin zu grünem Tee mit Pfefferminze wird alles angeboten.

Bei einer Auswahl von 10, 15 Tees im Schrank ist das abendliche Zelebrieren eines Kräutertees ein echter Genuss. Wenn Sie es sich dann noch auf dem Sofa gemütlich machen mit dicken Socken und einem guten Buch oder mit entspannender Musik und, wer hat, einer Mieze oder dem Hund auf dem Schoß, dann können Sie sich so richtig wohl fühlen und verwöhnen!

Lernen Sie wieder zu genießen

Keine Ahnung, wieso bei uns Genuss so verpönt ist. Es scheint irgendwie unanständig zu sein, etwas für sich selbst zu tun. Was für ein Quatsch! Nur wer sich selbst mag, kann auch andere mögen, und nur der wird selbst wieder gemocht.

Also, tun Sie etwas für sich. Gehen Sie ins Dampfbad, zur Massage, ins Solarium, feilen Sie Ihre Nägel, gönnen Sie sich eine entspannende Packung fürs Gesicht und eine stärkende für die Haare und aalen Sie sich in der Wanne, bei Kerzenschein und Schmusemusik.

Sie werden sehen, dass Sie durchs Abnehmen nicht nur besser drauf, sondern insgesamt viel zufriedener sind.

Aber übertreiben Sie nicht!

Stellen Sie sich genau soweit um, dass sich etwas ändert, aber der Körper nicht gegen Sie arbeitet. Denn wenn Sie übertreiben, also zu wenig essen, zu wenig schlafen, zu viel arbeiten und sich zu wenig bewegen, dann beginnt Ihr Körper, Ihnen das Leben schwer zu machen. Sie sind müde, unkonzentriert, der Kopf oder die Knochen tun weh, es geht Ihnen einfach so mies, dass Sie sich nur in Ihr Bett sehnen.

Das sind übrigens genau die gleichen Symptome wie bei zu viel Sport machen, zu viel Essen, zu viel Trinken und zu viel Feiern. Auch da sind die üblichen Folgen Müdigkeit, Kopfweh, Muskelschmerzen und Katzenjammer.

Ihr Körper hat kein großes Repertoire, um Sie zu „bekehren", aber wenn es sein muss, zieht er im Rahmen seiner Ausdrucksmöglichkeiten alle Register.

Das bedeutet umgekehrt: Wenn Sie moderaten Sport machen, LOW FETT 30 essen, sich satt essen, wenig, aber hochwertiges Fett zu sich nehmen, viel trinken und Dinge tun, die Sie mögen, dann wird es Ihnen hervorragend gehen. Dann wird Ihr Körper jubeln.

Glauben Sie nicht? Probieren Sie es aus! Sie werden genauso begeistert sein, wie alle anderen Fans von LOW FETT 30. Viel Erfolg!

14

Hinweise zu den Rezepten

Portionsmengen

Alle Rezepte in diesem Buch sind für 1 Person berechnet.

Zubereitungszeiten

Hier steht die Zeit, die Sie benötigen, um das ganze Gericht zuzubereiten. Sollten dabei längere Zeitspannen auftreten, in denen Sie nichts zu tun haben, so haben wir diese gesondert als Back-, Quell-, Kühlzeit usw. aufgeführt.

Kalorien- und Nährwertangaben

Sie beziehen sich immer auf 1 Portion des Gerichts. Die Prozentangabe steht für Fettkalorienprozent. Bei den Nährwertangaben haben wir auch die Kohlenhydratmengen ausgewiesen, um den Lesern, die eine Eiweiß-Formula-Diät unter ärztlicher Aufsicht machen, die Portionsberechnungen zu erleichtern.

Hinweis

Bitte beachten Sie, dass Nährwertangaben je nach Datengrundlage variieren können. Außerdem unterliegen die Inhaltsstoffe ein und desselben Lebensmittels natürlichen Schwankungen. Unsere Angaben sind deshalb als Durchschnittswerte anzusehen.

Zutaten

In unseren Rezepten verwenden wir ausschließlich Eier der Gewichtsklasse M und bei Milch die 1,5 %-Variante, bei Quark und Joghurt die Magerversionen. Entsprechend sind unsere Nährwertangaben gerechnet.

Wenn nicht anders angegeben, gehen wir bei Obst und Gemüse von ungeputzter Rohware aus. Bei Stückangaben beziehen wir uns auf ein Stück mittlerer Größe.

Die Abkürzungen

Bd.	=	Bund
EL	=	Esslöffel
TL	=	Teelöffel
F.	=	Fett
g	=	Gramm
geh.	=	gehäuft
gem.	=	gemahlen
getr.	=	getrocknet
kcal	=	Kilokalorien (oder einfach: Kalorien)
kg	=	Kilogramm
l	=	Liter
mind.	=	mindestens
ml	=	Milliliter
Msp.	=	Messerspitze
Pckg.	=	Packung
Pck.	=	Päckchen
TK	=	Tiefkühl

Rezepte

Hier sind sie, die Gerichte für den abnehmwilligen Single: im Handumdrehen zubereitet schmecken sie einfach köstlich.

Was man mit den frischen Zutaten sonst noch tun kann, verraten Kosmetik-Tipps mit Rezepten für die Schönheitspflege!

Hähnchensandwich mit Trauben

Zubereitungszeit: ca. 20 Minuten

510 kcal · 9 g Fett · 16 %
66 g Kohlenhydrate

60 g helle und dunkle
   Weintrauben
1 TL Olivenöl
100 g Hähnchenbrustfilet
Salz
Pfeffer
1 Msp. Paprikapulver
50 g Magerquark
1 TL Schnittlauchröllchen
2 Scheiben Bauernbrot

1. Die Weintrauben waschen, halbieren und entkernen. Die Hälfte davon in kleine Stücke schneiden.
2. Eine beschichtete Pfanne mit Öl auspinseln. Das Fleisch mit Salz, Pfeffer und Paprikapulver würzen und beidseitig etwa 5 Minuten bei mittlerer Hitze knusprig braten. Auskühlen lassen und in Scheiben schneiden.

3. Den Quark, die Trauben-stücke und den Schnittlauch verrühren. Mit Salz und Pfeffer abschmecken.
4. Das Brot mit der Quark-masse bestreichen und den restlichen Traubenhälften belegen.
5. Zum Schluss die Hähn-chenscheiben auf die Trauben geben und das Sandwich an-richten.

Ciabatta „Hawaii"

Zubereitungszeit: ca. 20 Minuten

770 kcal · 16 g Fett · 19 %
114 g Kohlenhydrate

1 kleine Zwiebel
1 EL Ketchup
1 EL Senf
1 Ciabatta (ca. 200 g)
2 Scheiben Westfälischer Saft-
   schinken
2 Scheiben Ananas (Dose)
1 EL Schnittlauchröllchen
2 Scheiben Gouda (40 g)

1. Den Backofen auf 180 °C vorheizen. Die Zwiebel schälen, in feine Würfel schneiden und mit dem Ketchup und dem Senf gut ver-mengen.
2. Das Ciabatta längs auf-schneiden und mit der Zwie-belpaste bestreichen.

3. Jede Brothälfte mit einer Scheibe Schinken und Ananas belegen. Den Schnittlauch darüber streuen. Zum Schluss jeweils eine Scheibe Käse darauf legen.
4. Das Ciabatta „Hawaii" im Backofen ca. 10 Minuten überbacken.

Sandwich „Olymp"

Sandwich „Olymp"

Zubereitungszeit: ca. 10 Minuten

405 kcal · 9 g Fett · 20 %
60 g Kohlenhydrate

100 g Magerquark
40 g Schafkäse
1 TL Schnittlauchröllchen
Salz
Pfeffer
2 Scheiben Roggenmischbrot
1 Tomate
2 große Salatblätter
5 Scheiben Salatgurke
3 Oliven

1. Den Quark, den Schafkäse und den Schnittlauch verrühren. Evt. mit Salz und Pfeffer abschmecken und das Brot damit bestreichen. Die Tomate waschen und in Scheiben schneiden.
2. Eine Brotscheibe mit der Tomate, dem Salat, der Gurke und den Oliven belegen.
3. Pfeffern und die zweite Brotscheibe darauf geben, kurz andrücken und anrichten.

TIPP:
Für dieses Sandwich nehmen Sie am besten einen griechischen Feta, der in einer Lake eingepackt angeboten wird.

19

Apfel-Möhren-Aufstrich

Zubereitungszeit: ca. 10 Minuten

380 kcal · 2 g Fett · 4 %
65 g Kohlenhydrate

1 Möhre
1 Apfel (z. B. Cox Orange)
1 EL Zitronensaft
100 g Magerquark
Salz
Pfeffer
½ TL Zucker
1 TL gehackte Petersilie
2 Scheiben Vollkornbrot

1. Die Möhre und den Apfel waschen und schälen. Beides in eine Schüssel fein raspeln. Zitronensaft zugeben und gut vermischen.
2. Den Quark zufügen. Mit Salz, Pfeffer und Zucker abschmecken.
3. Den Apfel-Möhren-Aufstrich auf das Brot geben und mit der Petersilie garnieren.

KOSMETIK-TIPP:
Möhren-Honig-Kurpackung

2 Möhren
2 EL Joghurt
1 EL Honig
1 EL Kleie

Möhren schälen, reiben und in eine Schüssel mit den anderen Zutaten vermengen.

Tragen Sie die Mischung auf das feuchte Haar auf und lassen Sie sie einige Minuten einwirken. Schamponieren Sie Ihre Haare danach gründlich ein. Diese Kur stärkt das Haar.

Gurkenjoghurt

Zubereitungszeit: ca. 10 Minuten

370 kcal · 3 g Fett · 8 %
70 g Kohlenhydrate

¼ Salatgurke
Salz
1 Zwiebel
1 Knoblauchzehe
100 g Joghurt (1,5 % F.)
1 Spritzer Zitronensaft
Pfeffer
½ TL Zucker
2 Scheiben Roggenbrot

1. Die Gurke waschen und putzen, anschließend schälen, halbieren, entkernen und fein raspeln. Leicht salzen und 5 Minuten ruhen lassen. Die Zwiebel und den Knoblauch schälen und in feine Würfel schneiden.
2. Gurkenraspel ausdrücken. Joghurt in eine Schüssel geben. Gurke, Zwiebel- und Knoblauchwürfel und Zitronensaft zugeben.
3. Mit Salz, Pfeffer und Zucker abschmecken und einige Minuten ziehen lassen.
4. Das Brot mit dem Gurkenjoghurt bestreichen.

KOSMETIK-TIPP:
Brennnessel-Zwiebel-Spülung

1 Zwiebel
4 EL getrocknete Brennnesseln

Die Zwiebel vierteln. Die Brennnesseln grob hacken. Beides mit heißem Wasser übergießen. ½ Stunde ziehen lassen, durch ein Sieb abgießen und auskühlen lassen.

Waschen Sie Ihr Haar wie gewohnt und wenden Sie den kalten Aufguss vor der letzten Spülung an.

Gemüse und Brot am Spieß

Gemüse und Brot am Spieß

Zubereitungszeit: ca. 10 Minuten

520 kcal · 5 g Fett · 8 %
77 g Kohlenhydrate

1 Scheibe Bauernbrot (150 g)
100 g mageren Schinken
  am Stück
1 Möhre
¼ Salatgurke
10 Kirschtomaten
3 Holzspieße

1. Das Brot und den Schinken in Würfel schneiden.
2. Die Möhre und die Salatgurke in ½ cm dicke Scheiben schneiden und trocken tupfen.
3. Die Kirschtomaten waschen.
4. Die Gurken- und Möhrenscheiben, die Tomaten sowie die Brot- und Schinkenwürfel abwechselnd auf die Spieße stecken und anrichten.

TIPP:
Das Gemüse können Sie auch mit verschiedenen Früchten, wie Trauben oder Ananas, variieren. Als Alternative zum Bauernbrot bieten sich Ciabatta oder Toscanabrot an.

21

Paprika-Mais-Quark

Zubereitungszeit: ca. 10 Minuten

455 kcal · 3 g Fett · 5 %
80 g Kohlenhydrate

1 Paprikaschote
1 Zwiebel
100 g Magerquark
50 g Mais (Dose)
1 Spritzer Zitronensaft
1 EL frische Kräuter
Salz
Pfeffer
2 Scheiben Roggenbrot

1. Die Paprikaschote waschen, putzen, entkernen, die Zwiebel schälen. Beides grob pürieren.
2. Den Quark in eine Schüssel geben. Das pürierte Gemüse, den Mais, den Zitronensaft und die Kräuter zugeben. Alles gut vermengen.
3. Mit Salz und Pfeffer abschmecken, einige Minuten ziehen lassen und mit dem Brot anrichten.

TIPPS:
Als frische Kräuter für den Paprika-Mais-Quark eignen sich besonders gut Schnittlauch, Petersilie oder Dill. Falls Sie keinen Pürierstab haben, tut es auch ein großes scharfes Messer, mit dem Sie die Zwiebel und die Paprika fein zerkleinern.

Tomatenaufstrich mit Basilikum

Zubereitungszeit: ca. 10 Minuten

365 kcal · 2 g Fett · 5 %
61 g Kohlenhydrate

100 g Strauchtomaten
1 Zwiebel
1 TL Tomatenmark
2 EL Milch (1,5 % F.)
100 g Magerquark
1 EL gehackter Basilikum
1 Spritzer Zitronensaft
Salz
Pfeffer
½ TL Zucker
2 Scheiben Vollkornbrot

1. Die Tomaten waschen, den Stielansatz entfernen, vierteln, entkernen und in feine Würfel schneiden. Die Zwiebel schälen und fein würfeln.
2. Das Tomatenmark und die fettarme Milch sorgfältig verrühren.

3. Den Quark in eine Schüssel geben. Tomatenwürfel, Zwiebel, Basilikum, Zitronensaft und Tomatenmarkgemisch zugeben und das Ganze verrühren.
4. Den Tomaten-Basilikum-Aufstrich mit Salz, Pfeffer und Zucker abschmecken und mit dem Brot anrichten. (auf dem Foto)

Tortillas gefüllt mit Mozzarella und Tomaten

Zubereitungszeit: ca. 20 Minuten

845 kcal · 26 g Fett · 27 %
107 g Kohlenhydrate

100 g Tomaten
100 g Mozzarella
1 TL Olivenöl
1 EL Balsamessig
Salz
Pfeffer
½ TL Zucker
2 Scheiben Toastbrot
2 EL gehacktes Basilikum
2 Kräuter-Tortillas

1. Die Tomaten waschen, Stielansatz entfernen, entkernen und in Würfel schneiden. Den Mozzarella in ½ cm dicke Würfel schneiden.
2. Das Öl und den Essig verrühren und mit Salz, Pfeffer und Zucker abschmecken.
3. Die Tomaten- und Mozzarellawürfel in die Marinade geben. Etwa 10 Minuten ziehen lassen.

4. Das Toastbrot rösten und in 1 cm dicke Würfel schneiden. Anschließend die Kräuter-Tortillas im Backofen erwärmen.
5. Die Tomaten-, Mozzarella- und Toastbrotwürfel gleichmäßig auf den Tortillas verteilen, dann einrollen und mit dem gehackten Basilikum garnieren.
(auf dem Foto)

Tortillas mit Harzer Käse und Rote Bete

Zubereitungszeit: ca. 20 Minuten

600 kcal · 5 g Fett · 8 %
84 g Kohlenhydrate

1 gelbe Paprikaschote
2 Schalotten
100 g Rote Bete (Glas)
100 g Harzer Käse
3 EL Magerquark
1 EL Rote-Beete-Saft
1 TL gehackte Petersilie
1 TL Schnittlauchröllchen
Salz, Pfeffer
2 Tortillas

1. Die Paprikaschote waschen und putzen und die Schalotten schälen. Die Paprikaschote in Würfel und die Schalotten in Ringe schneiden. Die Rote Bete und den Käse in Streifen schneiden.
2. Den Quark, den Rote-Bete-Saft, die Petersilie und den Schnittlauch vermengen. Mit Salz und Pfeffer abschmecken.

3. Die Tortillas erwärmen und mit dem Quark bestreichen.
4. Paprikawürfel, Schalottenringe, Rote-Bete- und Käsestreifen auf die Tortillas verteilen, einrollen und anrichten.

Grundrezept für Gemüsesuppen

Zubereitungszeit: ca. 20 Minuten

110 kcal · 3 g Fett · 24 %
12 g Kohlenhydrate

250 g frisches Gemüse
(z. B. Brokkoli, Möhren oder
Blumenkohl)
1 Zwiebel
250 ml Gemüsebrühe (instant)
Salz
Pfeffer
$\frac{1}{2}$ TL Zucker
1 EL saure Sahne
1 TL Kräuter (z. B. Schnittlauchröllchen)

1. Das Gemüse waschen und putzen. $\frac{1}{5}$ davon für die Suppeneinlage beiseite stellen. Die Zwiebel schälen und in Würfel schneiden.
2. 150 ml Brühe in einem Topf aufkochen. Das Gemüse und die Zwiebel zugeben. Etwa 7 Minuten zugedeckt köcheln lassen und pürieren.
3. Mit dem Rest der Brühe das Gemüse für die Einlage bissfest kochen. Das gegarte Gemüse in ein Sieb geben und die Brühe auffangen.

4. Die Brühe zum pürierten Gemüse geben. Aufkochen lassen. Mit Salz, Pfeffer und Zucker abschmecken.
5. Das gekochte Gemüse als Einlage zugeben. Mit der sauren Sahne und den Kräutern garnieren.

Kartoffelcreme mit Lachsstreifen

Zubereitungszeit: ca. 25 Minuten

460 kcal x 12 g Fett x 23 %
59 g Kohlehydrate

350 g festkochende Kartoffeln
Salz
1 Zwiebel
300 ml Gemüsebrühe (instant)
Pfeffer
$\frac{1}{2}$ TL Majoran
1 Prise Muskat
80 g Räucherlachs
1 EL Magerquark
1 EL Schnittlauchröllchen

1. Kartoffeln waschen, schälen und in nicht zu kleine Würfel schneiden. Mit Salzwasser aufsetzen und in etwa 15 Minuten kochen, dann abgießen.
2. Zwiebel schälen und fein würfeln. Die Brühe in einen Topf geben und aufkochen lassen. Zwiebeln und Kartoffeln zugeben. Abgedeckt etwa 6 Minuten köcheln lassen.
3. Die Kartoffeln mit der Brühe pürieren. Die Gewürze zugeben und abschmecken.

4. Lachs in Streifen schneiden. Quark und Lachs zu der Suppe geben und mit dem Schnittlauch garnieren.

TIPP:
Lachs ist ein fettreicher Fisch. Aber in der richtigen Kombination mit anderen Zutaten – wie in diesem Rezept – wird daraus ein delikates LOW FETT 30-Gericht.

Tomatensuppe mit Zwiebeln

Tomatensuppe mit Zwiebeln

Zubereitungszeit: ca. 25 Minuten

500 kcal · 14 g Fett · 26 %
76 g Kohlenhydrate

300 g Tomaten
2 Zwiebeln
2 TL Pflanzenöl
1 TL Tomatenmark
1 TL Weizenmehl
100 ml passierte Tomaten
300 ml Gemüsebrühe (instant)
1 Spritzer Zitronensaft
Salz
Pfeffer
½ TL Zucker
frische Petersilie
100 g frisches Baguette

1. Die Tomaten waschen, vierteln, Stielansatz entfernen, entkernen und in feine Würfel schneiden. Die Zwiebeln schälen, eine in feine Würfel und die andere in Ringe schneiden.
2. Nun 1 TL Öl in einem Topf erhitzen und die Zwiebelringe glasig dünsten. Herausnehmen und beiseite stellen.
3. In dieselbe Pfanne 1 TL Öl, die Zwiebelwürfel und das Tomatenmark geben. Alles zusammen unter Rühren glasig dünsten. Anschließend mit dem Mehl bestäuben und das Ganze kurz weiterdünsten.

4. Die Tomatenwürfel und die passierten Tomaten zufügen. Die Brühe angießen und etwa 10 Minuten zugedeckt köcheln lassen.
5. Den Zitronensaft zugeben und mit Salz, Pfeffer und Zucker abschmecken. Die Zwiebelringe zufügen, mit der Petersilie garnieren und mit dem Baguette anrichten.

TIPP:
Wenn Sie die Zutaten dieses Rezepts verdoppeln, können Sie am nächsten Tag aus der anderen Hälfte eine Tomatensauce kochen.

27

Gurkenkaltschale

Zubereitungszeit: 20 Minuten

375 kcal · 6 g Fett · 14 %
67 g Kohlenhydrate

$\frac{1}{2}$ *Salatgurke*
1 kleine Zwiebel
1 TL Olivenöl
1 TL Zucker
200 ml Gemüsebrühe (instant)
1 Spritzer Tabasco
1 Spritzer Zitronensaft
Salz, Pfeffer
50 g Joghurt (1,5 % F.)
1 TL gehackte Petersilie
1 TL Schnittlauchröllchen
100 g frisches Baguette

1. Die Gurke waschen, schälen, längs halbieren. Mit einem Löffel entkernen. In dünne Scheiben schneiden.
2. Die Zwiebel schälen und in feine Würfel schneiden.
3. Öl in einer Pfanne erhitzen und Zwiebel glasig dünsten. Gurke unterheben, mit Zucker bestreuen und leicht karamelisieren lassen.
4. Mit der Brühe ablöschen und zusammen mit Tabasco, Zitronensaft, Salz und Pfeffer im Mixer pürieren.
5. Den Joghurt unterheben und abschmecken. ½ Stunde kühl stellen.
6. Mite den Kräutern garnieren. Mit Baguette servieren. (auf dem Foto)

KOSMETIK-TIPP:
Muntermacher für die Augen

Zwei Teebeutel Schwarztee
$\frac{1}{2}$ Salatgurke

Die Teebeutel 1 Minute in heißes Wasser tauchen, gut ausdrücken und auskühlen lassen. Die Gurke in einem Mixer pürieren.

Legen Sie zunächst die Teebeutel für einige Minuten auf die geschlossenen Augen. Anschließend wenden Sie die Gurkenmixtur auf dieselbe Weise an. Vermeiden Sie den direkten Kontakt mit dem Augapfel. Spülen Sie Ihre Augen schließlich ab und tupfen Sie sie vorsichtig trocken.

Kartoffelsuppe mit Croûtons

Zubereitungszeit: 25 Minuten

525 kcal · 15 g Fett · 26 %
79 g Kohlenhydrate

1 halbe Stange Sellerie
1 Zwiebel
300 g Pellkartoffeln
1 EL Pflanzenöl
1 zerdrückte Knoblauchzehe
400 ml Gemüsebrühe (instant)
1 Scheibe Toastbrot
Salz, Pfeffer, 1 Msp. Majoran
1 Msp. Muskatnuss
1 EL saure Sahne
Paprikapulver
1 EL Schnittlauchröllchen

1. Den Sellerie waschen und putzen, die Zwiebel schälen und beides in Würfel schneiden. Die Kartoffeln pellen und in etwa 1 cm dicke Würfel schneiden.
2. Das Öl in einem Topf erhitzen. Die Zwiebel- und Selleriewürfel sowie den Knoblauch etwa 3 Minuten dünsten. Die Brühe und die Kartoffelwürfel zugeben und alles etwa 10 Minuten köcheln lassen.

3. Die Toastbrotscheibe rösten, entrinden und in kleine Würfel schneiden.
4. Die Suppe pürieren und mit Salz, Pfeffer, Majoran und Muskatnuss abschmecken.
5. Die Suppe anrichten. Die saure Sahne und die Croutons dazugeben. Mit dem Schnittlauch und dem Paprikapulver garnieren.

Süßwürziger Maissalat

Zubereitungszeit: ca. 20 Minuten

795 kcal · 18 g Fett · 20 %
118 g Kohlenhydrate

1 grüne Paprikaschote
1 gelbe Paprikaschote
1 Zwiebel
250 g Mais (Dose)
1 EL Olivenöl
2 EL Rotweinessig
1 Spritzer Zitronensaft
1 TL Senf
20 ml Gemüsebrühe (instant)
100 g Magerquark
Salz, Pfeffer
1 TL gehackter Oregano
100 g frisches Baguette

1. Die Paprikaschoten waschen, halbieren, entkernen und in Streifen schneiden. Die Zwiebel schälen, halbieren und in Streifen schneiden. Alles mit dem Mais gut vermengen.
2. Öl, Essig, Zitronensaft, Senf, Gemüsebrühe und Quark in eine Schüssel geben und verrühren. Anschließend mit etwas Salz und Pfeffer abschmecken.

3. Das Gemüsegemisch unterheben und 5 Minuten ziehen lassen. Mit dem Oregano garnieren und mit dem Baguette anrichten.

TIPP:

20 ml Gemüsebrühe entsprechen etwa 2 Esslöffeln Flüssigkeit. Einfach in dieser Menge Wasser etwa 1 Messerspitze Instant-Brühpulver auflösen.

Artischockensalat mit Spargel

Zubereitungszeit: ca. 25 Minuten

480 kcal · 14 g Fett · 26 %
66 g Kohlenhydrate

200 g frischer Spargel
Salz
½ TL Zucker
1 Zitrone
2 Tomaten
1 Zwiebel
4 Artischockenböden (Dose)
1 EL Olivenöl
30 ml Spargelfond
1 TL Balsamessig
1 TL gehackte Petersilie
Pfeffer
100 g frisches Baguette

1. Den Spargel schälen und putzen, in einen Topf geben, mit Wasser bedecken, mit Salz, Zucker und dem Saft einer halben Zitrone würzen und bissfest kochen. Abgießen und 30 ml Fond auffangen. Den Spargel abschrecken und abtropfen lassen.
2. Die Tomate waschen, Stielansatz entfernen, vierteln, entkernen und in feine Würfel schneiden. Die Zwiebel schälen und in feine Würfel schneiden. Die Artischockenböden in fingerdicke Streifen schneiden.

3. Öl, Fond, Essig, Saft einer halben Zitrone und Petersilie verrühren. Mit etwas Salz und Pfeffer abschmecken. Die Tomaten- und Zwiebelwürfel sowie die Artischockenstreifen zugeben.
4. Den Spargel auf einen Teller legen. Die Marinade darüber geben. 5 Minuten ziehen lassen und mit dem Baguette anrichten.
(auf dem Foto)

Farfallesalat mit Tomaten und Lauch

Zubereitungszeit: ca. 30 Minuten

820 kcal · 21 g Fett · 23 %
131 g Kohlenhydrate

100 g Strauchtomaten
150 g Farfalle (Schmetterlings-
nudeln)
1 Zwiebel
1 Frühlingszwiebel
50 ml passierte Tomaten
1 EL geröstete Pinienkerne
1 El Olivenöl
1 zerdrückte Knoblauchzehe
1 EL Zitronensaft
Salz
Pfeffer
½ TL Zucker

1. Die Tomaten waschen, halbieren, Stielansatz entfernen, entkernen und in grobe Würfel schneiden.
2. Die Nudeln in Salzwasser bissfest kochen. In ein Sieb abgießen, abschrecken und abtropfen lassen.
3. Die Zwiebel schälen, die Frühlingszwiebel waschen und putzen und beides in Streifen schneiden.
4. Passierte Tomaten, Pinienkerne, Öl, Knoblauch und Zitronensaft in eine Schüssel geben und mit einem Schneebesen verrühren. Mit Salz, Pfeffer und Zucker abschmecken.

5. Nudeln, Tomatenwürfel, Zwiebel- und Frühlingszwiebelstreifen unterheben.
6. Den Salat 10 Minuten ziehen lassen und anrichten.

TIPP:
Genießen Sie diesen köstlichen Salat mit einem frischen französischen Stangenbrot.

Makkaroni „süß-sauer"

Zubereitungszeit: ca. 25 Minuten

525 kcal · 6 g Fett · 10 %
68 g Kohlenhydrate

100 g Zuckerschoten
100 g frische Champignons
100 g Sprossen
100 g Ananas (Dose)
100 g Magerquark
50 ml Ananassaft
3 EL Balsamessig
Salz
Pfeffer
120 g Makkaroni
frische Minze

1. Zuckerschoten, Champignons und Sprossen waschen und putzen. Die Champignons in feine Scheiben schneiden. Die Ananasringe in Würfel schneiden.
2. Quark, Ananassaft und Essig in eine Schüssel geben und verrühren. Mit Salz und Pfeffer abschmecken. Zuckerschoten, Champignonscheiben, Sprossen und Ananaswürfel unterheben. 10 Minuten ziehen lassen.

3. Die Nudeln in Salzwasser bissfest kochen. In ein Sieb abgießen, abschrecken und abtropfen lassen.
4. Die heißen Nudeln unter die vorbereitete Sauce heben. Das Ganze weitere 10 Minuten ruhen lassen.
5. Mit der Minze garnieren.

Nudelsalat mit Früchten

Zubereitungszeit: ca. 20 Minuten

465 kcal · 7 g Fett · 13 %
84 g Kohlenhydrate

1 Aprikose
1 Apfel
100 g Ananas (Dose)
100 g Joghurt (1,5 % F.)
20 ml Saft von der Ananas
1 Prise Salz
Pfeffer
1 EL Schnittlauchröllchen
120 g Muschelnudeln
frische Minze

1. Die Aprikose und den Apfel waschen und putzen. Die Aprikose entkernen, vierteln und in Streifen schneiden. Den Apfel schälen, vierteln, entkernen und in Streifen schneiden. Die Ananas würfeln.

2. Den Joghurt mit dem Saft verrühren und mit Salz und Pfeffer abschmecken. Den Schnittlauch zugeben. Die Aprikosen- und Apfelstreifen zusammen mit den Ananaswürfeln unterheben. 10 Minuten zugedeckt ziehen lassen.

3. Die Nudeln in Salzwasser bissfest kochen. In ein Sieb abgießen, abschrecken und abtropfen lassen.

4. Die Nudeln in eine Schüssel geben und die Sauce unterheben. 10 Minuten ziehen lassen.

5. Mit der Minze garnieren.

Spaghettisalat mit Tomaten und Mozzarella

Zubereitungszeit: ca. 20 Minuten

**640 kcal · 16 g Fett · 23 %
92 g Kohlenhydrate**

*3 Tomaten
1 Möhre
100 g Ananas (Dose)
100 ml passierte Tomaten
20 ml Ananassaft
1 TL Zitronensaft
Salz
Pfeffer
Sambal Oelek
½ TL Zucker
120 g Spaghetti
60 g Mozzarella in Streifen
1 TL gehacktes Basilikum*

1. Die Tomaten und die Möhre waschen und putzen. Die Tomaten vierteln, Stielansatz entfernen, entkernen und in Würfel schneiden. Die Möhre fein raspeln. Die Ananas in Würfel schneiden.
2. Die passierten Tomaten mit dem Ananas- und dem Zitronensaft in eine Schüssel geben und vermengen. Mit Salz, Pfeffer, Sambal Oelek und Zucker abschmecken.
3. Tomatenwürfel, Möhrenraspel, Ananaswürfel und Mozzarella unterheben und 10 Minuten ruhen lassen.

4. Die Nudeln in Salzwasser bissfest kochen. In ein Sieb abgießen, abschrecken und abtropfen lassen.
5. Die heißen Nudeln unterheben und weitere 5 Minuten ziehen lassen.
6. Den Nudelsalat mit dem Basilikum garnieren.
(auf dem Foto)

Nudel-Gemüse-Salat

Zubereitungszeit: ca. 20 Minuten

**525 kcal · 13 g Fett · 22 %
60 g Kohlenhydrate**

*2 große Tomaten
1 Frühlingszwiebel
1 Zwiebel
250 g Gemüsemischung (TK)
100 ml Magerquark
20 ml Gemüsebrühe (instant)
2 EL geriebener Parmesan
1 EL Petersilie
Salz
Pfeffer
120 g Spiralnudeln
1 TL Kresse*

1. Die Tomaten und Frühlingszwiebel waschen und putzen. Die Tomaten vierteln, Stielansatz entfernen, entkernen und in Würfel schneiden. Die Frühlingszwiebel in feine Ringe schneiden. Die Zwiebel schälen und in feine Würfel schneiden.
2. Die Tiefkühl-Gemüsemischung in Salzwasser bissfest kochen. In ein Sieb abgießen, abschrecken und abtropfen lassen.

3. Zwiebelwürfel, Quark, Brühe und Parmesan verrühren. Die Petersilie zugeben und mit Salz und Pfeffer abschmecken. Gemüsemischung, Tomatenwürfel und Frühlingszwiebelringe unterheben und 10 Minuten ziehen lassen.
4. Die Nudeln in Salzwasser bissfest kochen. In ein Sieb abgießen, abschrecken und abtropfen lassen.
5. Die Nudeln unter das gekochte Gemüse heben und 10 Minuten ziehen lassen.
6. Mit der Kresse garnieren.

Rustikaler Schmorbohnentopf

Zubereitungszeit: ca. 30 Minuten

470 kcal · 13 g Fett · 25 %
27 g Kohlenhydrate

250 g grüne Bohnen
200 g Tomaten
300 g Pellkartoffeln
1 Zwiebel
1 EL Olivenöl
1 TL Tomatenmark
300 ml Gemüsebrühe (instant)
Salz
Pfeffer
½ TL Zucker
1 EL Magerquark
1 TL gehacktes Bohnenkraut
1 TL Schnittlauchröllchen

1. Bohnen und Tomaten waschen und putzen. Die Bohnen in 4 cm lange Stifte schneiden. Die Tomaten vierteln, Stielansatz entfernen, entkernen und in Würfel schneiden. Die Kartoffeln pellen und grob würfeln. Die Zwiebel schälen, halbieren und in Streifen schneiden.
2. Das Öl in einer Pfanne erhitzen. Die Zwiebelstreifen glasig dünsten. Das Tomatenmark und die Bohnenstifte zugeben und bei mittlerer Hitze unter Rühren etwa 3 Minuten anbraten.

3. Mit der Brühe ablöschen. Die Kartoffelwürfel zugeben und zugedeckt bei geringer Hitze 12 Minuten köcheln lassen.
4. Die Tomatenwürfel unterheben. Mit Salz, Pfeffer und Zucker abschmecken. Zugedeckt 3 Minuten köcheln lassen.
5. Den Quark unterheben. Mit dem Bohnenkraut und dem Schnittlauch garnieren.

Kartoffelauflauf mit Gemüse

Zubereitungszeit: ca. 35 Minuten

640 kcal · 19 g Fett · 27 %
60 g Kohlenhydrate

150 g Brokkoli
2 Tomaten
300 g Pellkartoffeln
150 g Magerquark
1 Ei
1 Msp. Muskat
1 Knoblauchzehe
Salz
Pfeffer
50 g Gouda (40 % F.)
1 TL gehackte Petersilie
1 TL Schnittlauchröllchen

1. Brokkoli und Tomaten waschen und putzen. Den Brokkoli in kleine Röschen zerteilen. Die Tomaten vierteln, Stielansatz entfernen und entkernen. Die Kartoffeln pellen und in fingerdicke Scheiben schneiden.
2. Den Brokkoli in Salzwasser bissfest kochen. In ein Sieb abgießen, abschrecken und abtropfen lassen.
3. Quark, Ei, Muskat und Knoblauch verrühren und mit Salz und Pfeffer würzen. Die Quarkmasse in eine kleine Auflaufform geben.

4. Die Quarkmasse abwechselnd mit den Kartoffelscheiben, den Tomatenvierteln und den Brokkoliröschen belegen. Nochmals mit Salz und Pfeffer abschmecken.
5. Den Gouda in Streifen schneiden und über die Kartoffeln verteilen. Etwa 15 Minuten im vorgeheizten Backofen bei 180 °C gratinieren.
6. Mit der Petersilie und dem Schnittlauch garnieren.

Backkartoffel mit Kräuterdip

Backkartoffel mit Kräuterdip

Zubereitungszeit: ca. 20 Minuten

365 kcal · 6 g Fett · 14 %
53 g Kohlenhydrate

250 g große Pellkartoffeln
1 Zwiebel
100 g Magerquark
50 g saure Sahne
1 Msp. Muskatnuss
1 Msp. Kümmel
1 gehackte Knoblauchzehe
1 Spritzer Zitronensaft
Salz, Pfeffer
½ TL Zucker
1 TL gehackte Petersilie
1 TL gehackte Kresse
1 TL Schnittlauchröllchen

1. Die Kartoffeln auf ein Back-
blech geben und in einem auf
150 °C vorgeheizten Back-
ofen 20 Minuten ausbacken.
2. Die Zwiebel schälen und in
Würfel schneiden. Den Quark,
die saure Sahne und die Zwiebelwürfel vermengen. Mit
Muskatnuss, Kümmel, Knob-
lauch, Zitronensaft, Salz, Pfeffer und Zucker abschmecken.
3. Die Kresse und den Schnittlauch unter die Quarkmasse
heben und 15 Minuten ziehen
lassen.
4. Die Backkartoffeln mit dem
Kräuterdip anrichten.

TIPP:
Zum Zerdrücken einer Knoblauchzehe ein großes Messer
flach darauflegen und auf die
Klinge schlagen. Die Haut entfernen und die Zehe mit dem
Messer hacken.

37

Pikanter Gemüse-Pilaw

Zubereitungszeit: ca. 30 Minuten

590 kcal · 14 g Fett · 21 %
88 g Kohlenhydrate

2 Tomaten
100 g frische Champignons
1 Zucchino
100 g Brokkoli
1 große Zwiebel
1 EL Olivenöl
1 zerdrückte Knoblauchzehe
1 TL Paprikapulver
1 Msp. Kreuzkümmel
1 Msp. Piment
80 g Langkornreis
300 ml Gemüsebrühe (instant)
50 ml Weißwein
Salz
Pfeffer

1. Tomaten, Champignons, Zucchino und Brokkoli waschen und putzen. Die Tomaten vierteln, Stielansatz entfernen und entkernen. Die Champignons und den Zucchino in Scheiben schneiden. Vom Brokkoli nur die Röschen verwenden. Die Zwiebel schälen und in Würfel schneiden.
2. Das Öl in einem Topf erhitzen. Zwiebeln und Knoblauch zugeben und glasig dünsten. Paprikapulver, Kreuzkümmel und Piment zufügen und kurz mitdünsten.

3. Den Reis in den Topf geben. Kurz mit anschwitzen. Die Gemüsebrühe und den Weißwein angießen und aufkochen lassen. Alles gut zugedeckt 15 Minuten bei geringer Hitze köcheln lassen.
4. Tomatenviertel, Champignon- und Zucchinoscheiben, Brokkoliröschen und Zwiebelwürfel unterheben. Bei geschlossenem Deckel weitere 8 Minuten köcheln lassen.
5. Den Gemüse-Pilaw mit etwas Salz und Pfeffer abschmecken.

Spaghetti aglio e olio

Zubereitungszeit: ca. 20 Minuten

580 kcal · 19 g Fett · 29 %
66 g Kohlenhydrate

1 Chilischote
1 Frühlingszwiebel
1 Zwiebel
2 Knoblauchzehen
1 TL Olivenöl
1 TL Weizenmehl
150 g Spaghetti
200 ml Milch (1,5 % F.)
Salz
Pfeffer
1 EL geriebener Parmesan
1 EL Schnittlauchröllchen

1. Die Chilischote und die Frühlingszwiebel waschen, putzen und in feine Ringe schneiden. Die Zwiebel und den Knoblauch schälen und in feine Würfel schneiden.
2. Das Öl in einer Pfanne erhitzen. Die Zwiebel- und Knoblauchwürfel glasig dünsten. Das Mehl zugeben und kurz mitdünsten.
3. Mit der Milch ablöschen und verrühren, einmal aufkochen und zugedeckt bei geringer Hitze 5 Minuten köcheln lassen.

4. Die Nudeln in Salzwasser bissfest kochen. In ein Sieb abgießen, abschrecken und abtropfen lassen.
5. Die Sauce mit Salz und Pfeffer abschmecken. Die Frühlingszwiebel zufügen. Etwa 2 Minuten zugedeckt ziehen lassen.
6. Die Nudeln in einen tiefen Teller geben und mit der Sauce überziehen. Den Parmesan und den Schnittlauch darüber streuen.

Käserisotto mit Gemüse

Käserisotto mit Gemüse

Zubereitungszeit: ca. 25 Minuten

680 kcal · 21 g Fett · 28 %
96 g Kohlenhydrate

100 g Brokkoli
1 Zucchino
1 rote Paprikaschote
50 g frische Champignons
1 Zwiebel
1 EL Olivenöl
100 g Langkornreis
350 ml Gemüsebrühe (instant)
Salz
Pfeffer
30 g Gouda in Streifen

1. Brokkoli, Zucchino, Paprikaschote und Champignons waschen und putzen. Den Brokkoli in Röschen zerteilen. Den Zucchino vierteln und in etwa 1 cm große Würfel schneiden. Die Paprikaschote entkernen, vierteln und ebenfalls in 1 cm große Würfel schneiden. Die Champignons vierteln. Die Zwiebel in Würfel schneiden.
2. Das Öl in einem Topf erhitzen und die Zwiebel glasig dünsten.

3. Den Reis und die Brühe zugeben. Aufkochen und zugedeckt etwa 15 Minuten köcheln lassen.
4. Die Brokkoliröschen, die Zucchino- und Paprikawürfel sowie die Champignonviertel unterheben. Weitere 7 Minuten köcheln lassen.
5. Mit Salz und Pfeffer abschmecken. Den Mais und den Käse unterheben.
6. Das Gericht so lange zugedeckt lassen, bis der Käse geschmolzen ist.

39

Frühlingsgemüse auf Spaghettini

Zubereitungszeit: ca. 25 Minuten

585 kcal · 14 g Fett · 22 %
71 g Kohlenhydrate

1 halbe gelbe Paprikaschote
1 halbe rote Paprikaschote
100 g Zuckerschoten
1 Frühlingszwiebel
1 kleine Zwiebel
1 Knoblauchzehe
1 TL Pflanzenöl
3 EL Sojasauce
150 ml Gemüsebrühe (instant)
100 g Sojabohnenkeimlinge
150 g Spaghettini
Salz
Pfeffer
1 EL Schnittlauchröllchen

1. Die Paprikaschoten und die Zuckerschoten waschen und putzen. Die Paprikaschoten halbieren, entkernen und in Streifen schneiden. Die Frühlingszwiebel in feine Ringe schneiden. Die Zwiebel und den Knoblauch schälen und fein würfeln.
2. Das Öl in einer Pfanne erhitzen. Die Zwiebel- und Knoblauchwürfel glasig dünsten. Sojasauce, Gemüsebrühe, Paprikastreifen, Zuckerschoten, Frühlingszwiebel und Sojabohnenkeimlinge zufügen. Alles etwa 5 Minuten zugedeckt dünsten.

3. Die Nudeln in Salzwasser bissfest kochen. In ein Sieb abgießen, abschrecken und abtropfen lassen.
4. Mit Salz und Pfeffer abschmecken.
5. Die Spaghettini auf einen Teller geben. Das Gemüse darüber geben und mit dem Schnittlauch garnieren.

Tagliatelle „Grün-Rot"

Zubereitungszeit: ca. 20 Minuten

480 kcal · 14 g Fett · 26 %
58 g Kohlenhydrate

150 g Radicchio
150 g Brokkoli
1 Zwiebel
50 ml Gemüsebrühe (instant)
150 g Tagliatelle
2 EL saure Sahne
Salz
Pfeffer
1 EL geriebener Parmesan
1 EL Schnittlauchröllchen

1. Den Radicchio und den Brokkoli waschen und putzen. Die Zwiebel schälen. Den Radicchio und die Zwiebel in feine Streifen schneiden. Den Brokkoli in Röschen zerteilen. Die Strünke entfernen.
2. Die Brühe in einem Topf erhitzen. Zwiebeln, Radicchio und Brokkoli zugeben und zugedeckt bei mittlerer Hitze 6 Minuten dünsten.
3. Die Nudeln in Salzwasser bissfest kochen. In ein Sieb abgießen, abschrecken und abtropfen lassen.

4. Die saure Sahne in die Sauce geben, mit Salz und Pfeffer würzen. Zugedeckt 2 Minuten ziehen lassen.
5. Die Nudeln auf einen Teller geben und mit der Sauce überziehen. Den Parmesan und den Schnittlauch darüber geben.

Schwenknudeln mit Spinat

Schwenknudeln mit Spinat

Zubereitungszeit: ca. 20 Minuten

590 kcal · 14 g Fett · 21 %
92 g Kohlenhydrate

200 g frischer Blattspinat
100 g frische Champignons
1 Zucchino
100 g Bandnudeln
1 Zwiebel
1 Knoblauchzehe
1 EL Sojaöl
3 EL Sojasauce
Salz
Pfeffer
½ TL Zucker

1. Spinat, Champignons, und Zucchino waschen und putzen. Den Spinat entstielen und grob hacken. Die Champignons und den Zucchino in Scheiben schneiden. Die Zwiebel und den Knoblauch schälen und in Würfel schneiden.
2. Die Nudeln in Salzwasser bissfest kochen. In ein Sieb abgießen, abschrecken und abtropfen lassen.

3. Das Öl in einer Pfanne erhitzen. Die Zwiebel und den Knoblauch glasig dünsten. Den Spinat sowie die Champignon- und Zucchinoscheiben zusammen mit der Sojasauce zugeben. Zugedeckt etwa 5 Minuten dünsten.
4. Mit Salz, Pfeffer und Zucker abschmecken.
5. Die Nudeln unterheben und das Ganze etwa 2 Minuten ziehen lassen.

Gemüse-Focaccia

Zubereitungszeit: ca. 25 Minuten

585 kcal · 12 g Fett · 18 %
89 g Kohlenhydrate

1 Zwiebel
20 g Gouda (40 % F.)
200 ml Gemüsebrühe (instant)
200 g Gemüsemischung (TK)
Salz
Pfeffer
Zucker
1 Focaccia (italienischer Hefe-
fladen)
2 EL Tomatenmark
2 EL grob gehacktes Basilikum
1 EL geriebener Parmesan

1. Die Zwiebel schälen und in Streifen schneiden. Den Gouda in dünne Streifen schneiden.
2. Die Brühe in einem Topf aufkochen, die Tiefkühl-Gemüsemischung zugeben und zugedeckt etwa 5 Minuten dünsten. Mit Salz, Pfeffer und Zucker würzen.
3. Die Focaccia vierteln und auf einem Toaster goldgelb rösten. Danach die Scheiben mit Tomatenmark bestreichen.
4. Die gekochte Gemüsemischung abschütten und auf der Focaccia verteilen. Zwie-

belstreifen, Basilikum, Goudastreifen und Parmesan gleichmäßig über die Gemüsemischung verteilen.
5. Im Backofen bei 200 °C mit Oberhitze etwa 3 Minuten goldgelb überbacken.

TIPP:
„Focaccia", der italienische Hefeteigfladen aus dem Holzofen, ist zwar auch hier in Deutschland im italienischen Lebensmittelhandel erhältlich, alternativ können Sie aber auch ein halbes Ciabatta verwenden.

Pilzrisotto in Tomate

Zubereitungszeit: ca. 25 Minuten

430 kcal · 11 g Fett · 23 %
56 g Kohlenhydrate

1 Zwiebel
100 g Champignons
250 ml Gemüsebrühe (instant)
50 g Langkornreis
1 Stange Frühlingszwiebel
2 EL Parmesan
Salz
Pfeffer
2 Fleischtomaten

1. Den Backofen auf 180 °C vorheizen. Die Zwiebel schälen und in feine Würfel schneiden. Die Pilze putzen und vierteln.
2. Die Brühe in einen Topf geben. Reis, Zwiebel und Pilze zugeben und etwa 15 Minuten köcheln lassen.
3. Die Frühlingszwiebel in feine Ringe schneiden. Zusammen mit dem Parmesan zum Reis geben und unterheben. Mit Salz und Pfeffer abschmecken und einige Minuten ziehen lassen.

4. Die Tomaten waschen, am Stielansatz jeweils einen Deckel abschneiden und die Tomaten aushöhlen. Das Fruchtfleisch klein schneiden und zum Reis geben. Mit dieser Masse die Tomaten füllen und die Deckel wieder aufsetzen.
5. Die Tomaten in eine flache Auflaufform setzen und im Backofen etwa 15 Minuten garen.

Gemüsepfanne „Toscana"

Zubereitungszeit: ca. 25 Minuten

**295 kcal · 2 g Fett · 7 %
53 g Kohlenhydrate**

*1 rote Paprikaschote
1 Zucchino
100 g frische Champignons
1 Zwiebel
Salz
Pfeffer
1 zerdrückte Knoblauchzehe
2 Scheiben Toastbrot
1 EL gehackter Majoran*

1. Paprikaschote, Zucchino und Champignons waschen und putzen. Die Paprikaschote halbieren, entkernen und in feine Streifen schneiden. Den Zucchino in dünne Scheiben schneiden. Die Champignons vierteln. Die Zwiebel schälen und in feine Ringe schneiden.
2. Alles in eine beschichtete Pfanne geben. Zugedeckt, bei mittlerer Hitze ca. 10 Minuten dünsten. Ab und zu rühren.

3. Das gekochte Gemüse mit Salz, Pfeffer und Knoblauch abschmecken.
4. Das Brot toasten. Den Majoran über das Gemüse geben und zusammen mit dem Toastbrot anrichten.

Fischtopf mit Gemüse

Zubereitungszeit: ca. 25 Minuten

600 kcal · 17 g Fett · 26 %
41 g Kohlenhydrate

50 g Langkornreis
50 g grüne Bohnen
200 g Tomaten
50 g Zuckerschoten
1 Frühlingszwiebel
1 kleine Zwiebel
4 große Shrimps
150 g Seelachsfilet
1 EL Olivenöl
1 TL Paprikapulver
½ TL Currypulver
50 ml leichter Weißwein
300 ml Fischfond
Salz
Pfeffer
1 TL gehackter Koriander
1 TL Schnittlauchröllchen

1. Den Reis in kochendes Wasser geben und 15 Minuten quellen lassen.
2. Bohnen, Tomaten und Zuckerschoten waschen und putzen. Die Bohnen in 2 cm lange Stücke schneiden. Die Tomaten vierteln, entkernen und in Würfel schneiden. Die Frühlingszwiebel putzen, die Zwiebel schälen. Beides in feine Ringe schneiden.
3. Die Shrimps schälen, nach Belieben an der Rückseite der Länge nach einritzen und den Darm (als schwarzer oder brauner Faden sichtbar) entfernen, kalt abspülen und trockentupfen. Den Seelachs kalt abspülen, trockentupfen und in 3 cm große Stücke schneiden.

4. Das Öl in einem Topf erhitzen. Die Zwiebeln glasig dünsten. Das Paprika- und Currypulver kurz mitdünsten. Mit dem Weißwein ablöschen. Bohnen, Tomatenwürfel und Zuckerschoten zugeben.
5. Mit dem Fischfond auffüllen. Aufkochen und etwa 7 Minuten köcheln lassen. Mit Salz und Pfeffer abschmecken.
6. Die Shrimps und den Seelachs dazugeben und weitere 5 Minuten köcheln lassen.
7. Den Reis unterheben und 3 Minuten zugedeckt ziehen lassen.
8. Den Eintopf in einen tiefen Teller geben und mit dem Koriander und den Schnittlauchröllchen garnieren.
(auf dem Foto)

Thunfisch mit Brokkoli in Tomatensauce

Zubereitungszeit: ca. 25 Minuten

555 kcal · 14 g Fett · 23 %
58 g Kohlenhydrate

150 g Brokkoli
150 ml passierte Tomaten
150 g Thunfisch (Dose,
  im eigenen Saft)
Salz
Pfeffer
1 Spritzer Zitronensaft
150 g Bandnudeln

1. Den Brokkoli waschen, putzen, in Röschen zerteilen und in Salzwasser bissfest kochen. In ein Sieb abgießen, abschrecken und abtropfen lassen.
2. Die passierten Tomaten und den Thunfisch in eine Pfanne geben. Aufkochen und bei geringer Hitze 5 Minuten köcheln lassen. Salzen, pfeffern und mit dem Zitronensaft abschmecken.

3. Die Nudeln in Salzwasser bissfest kochen. In ein Sieb abgießen, abschrecken und abtropfen lassen.
4. Die Brokkoliröschen in die Sauce geben und 1 Minute köcheln lassen.
5. Die Nudeln so anrichten, das in der Mitte eine Mulde entsteht. Die Sauce eingießen.

Gebratene Garnelen an Tomaten-Ingwer-Reis

Zubereitungszeit: ca. 25 Minuten

455 kcal · 9 g Fett · 18 %
49 g Kohlenhydrate

3 Tomaten
1 Frühlingszwiebel
1 Zwiebel
1 Knoblauchzehe
150 g große Garnelen
   (etwa 6 Stück)
1 TL Olivenöl
1 TL gehackte Ingwerwurzel
80 g Basmati-Reis
50 ml Brühe (instant)
50 ml Weißwein
Salz
Pfeffer
1 EL Zitronensaft

1. Die Tomaten und die Frühlingszwiebel waschen und putzen. Die Tomaten vierteln, Stielansatz entfernen, entkernen und in Würfel schneiden. Die Frühlingszwiebel in Ringe schneiden. Die Zwiebel und den Knoblauch schälen und in feine Würfel schneiden.

2. Die Garnelen schälen, an der Rückseite der Länge nach einritzen und den Darm (als schwarzer oder brauner Faden sichtbar) entfernen, kalt abspülen und trockentupfen.
3. Das Öl in einer Pfanne erhitzen. Die Zwiebel- und Knoblauchwürfel sowie den Ingwer glasig dünsten. Die Tomatenwürfel und die Garnelen zugeben. Kurz mitdünsten.
4. Den Reis in kochendes Wasser geben und 15 Minuten quellen lassen.
5. Die Tomaten-Garnelen-Mischung in der Pfanne mit der Brühe und dem Wein angießen. Mit Salz, Pfeffer und Zitronensaft abschmecken und zugedeckt 8 Minuten köcheln lassen.
6. Die Frühlingszwiebel zugeben und etwa 2 Minuten ziehen lassen.
7. Die Garnelen aus der Pfanne nehmen. Den Reis unter die Sauce heben und in einen Teller füllen. Die Garnelen auf dem Reis anrichten.

KOSMETIK-TIPP:
Haut-Peeling mit Ingwer

1 Ingwerwurzel (10 cm)
4 TL Backpulver
2 EL Porzellanerde (Kaolin)
1 EL Joghurt

Den Ingwer schälen und in einem Mörser fein zerstoßen. Das Backpulver und die Porzellanerde zugeben und gut vermischen.

Tragen Sie die Mischung auf die Haut auf, massieren Sie sie sanft ein und waschen Sie das Peeling mit lauwarmem Wasser wieder ab. Verwenden Sie das Peeling nur frisch.

Hauptgerichte mit Fisch

Kabeljauspieß mit Artischocken

Zubereitungszeit: ca. 30 Minuten

420 kcal · 6 g Fett · 13 %
49 g Kohlenhydrate

200 g Kabeljau
6 Artischockenherzen
  oder -böden (Glas)
1 Frühlingszwiebel
1 unbehandelte Zitrone
80 g Langkornreis
Olivenöl
Salz
Pfeffer
50 ml Fischfond
1 Lorbeerblatt
1 TL gehackte Petersilie

1. Den Fisch kalt abspülen, trockentupfen und in etwa 2,5 cm dicke Würfel schneiden. Die Artischocken in etwa 2,5 cm dicke Würfel schneiden. Die Frühlingszwiebel waschen, putzen und in Ringe schneiden. Die Zitrone halbieren und eine Hälfte in Scheiben schneiden.
2. Den Reis in kochendes Wasser geben und 15 Minuten quellen lassen.
3. Den Kabeljau und die Artischocken abwechselnd auf Spieße stecken.
4. Die Spieße auf je ein Stück Alufolie legen und einen Rand

falten. Mit dem Öl bepinseln, salzen und pfeffern. Mit dem Saft der halben Zitrone beträufeln und mit dem Fischfond überziehen. Zitronenscheiben, Frühlingszwiebelringe und Lorbeerblatt dazulegen.
5. Die Alufolie so einschlagen, dass der Spieß Freiraum hat, und rundherum verschließen.
6. Spieße im vorgeheizten Backofen bei 180 °C etwa 15 Minuten garen.
7. Die Spieße und den Reis anrichten. Den Garfond über den Reis geben. Mit der Petersilie garnieren.

Überbackener Rotbarsch auf Spinat

Zubereitungszeit: ca. 25 Minuten

740 kcal · 19 g Fett · 24 %
69 g Kohlenhydrate

200 g frischen Spinat
150 g frische Champignons
1 Zwiebel
200 g Rotbarschfilet
1 TL Olivenöl
1 TL Currypulver
100 ml Gemüsebrühe (instant)
Salz, Pfeffer
1 EL Zitronensaft
40 g Magerquark
1 EL geriebener Parmesan
1 EL Paniermehl
1 EL Schnittlauchröllchen
100 g frisches Baguette

1. Den Spinat und die Champignons waschen und putzen. Den Spinat entstielen und grob hacken. Die Pilze vierteln. Die Zwiebel schälen und in Ringe schneiden. Den Rotbarsch entgräten, kalt abspülen und trockentupfen.
2. Das Öl in einer Pfanne erhitzen. Die Zwiebeln mit dem Currypulver glasig dünsten. Das Gemüse zugeben, die Brühe angießen. Mit Salz und Pfeffer abschmecken.
3. Den Rotbarsch auf das Gemüse legen. Mit dem Zitronensaft beträufeln und etwas salzen und pfeffern.

4. Zugedeckt bei mittlerer Hitze ca. 5 Minuten dünsten.
5. Quark, Parmesan, Paniermehl und Schnittlauch verrühren und mit Salz und Pfeffer abschmecken.
6. Den Rotbarsch aus der Pfanne nehmen. Das gegarte Gemüse und den Sud in eine kleine Auflaufform füllen.
7. Den Rotbarsch mit der Quark-Käse-Mischung bestreichen und auf das Gemüse in der Auflaufform legen.
8. In einem vorgeheizten Backofen etwa 10 Minuten bei 180 °C überbacken. Mit dem Baguette anrichten.

48

Gemüse-Seeteufel-Couscous

Zubereitungszeit: ca. 30 Minuten

400 kcal · 5 g Fett · 12 %
49 g Kohlenhydrate

1 Zucchino
1 Möhre
1 Paprikaschote
1 Zwiebel
150 g Seeteufelfilet
300 ml Gemüsebrühe (instant)
100 ml passierte Tomaten
Salz
Pfeffer
1 EL Zitronensaft
80 g Hirse
1 TL gehackte Petersilie
1 TL gehobelte Mandeln

1. Zucchino, Möhre und Paprikaschote waschen und putzen. Den Zucchino und die Möhre längs halbieren und in Scheiben schneiden. Die Paprikaschote halbieren, entkernen und in Würfel schneiden. Die Zwiebel, schälen, halbieren und in feine Streifen schneiden.
2. Den Seeteufel kalt abspülen, trockentupfen und anschließend in etwa 3 cm dicke Würfel schneiden.
3. Die Brühe und die passierten Tomaten in einen Topf geben und aufkochen lassen. Die Zucchino- und Möhrenscheiben sowie die Paprikawürfel, die Zwiebelstreifen

und den Fisch zugeben. Zugedeckt bei geringer Hitze 10 Minuten köcheln lassen.
4. Das gekochte Gemüse und den Fisch aus der Brühe nehmen. Mit Salz, Pfeffer und Zitronensaft abschmecken und erneut aufkochen lassen. Die Hirse zugeben. Unter ständigem Rühren ½ Minute weiterkochen. Beiseite stellen und zugedeckt 7 Minuten ziehen lassen.
5. Das gekochte Gemüse und den Fisch unterheben und 1 Minute ruhen lassen.
6. Den Couscous in einem tiefen Teller anrichten. Mit der Petersilie und den Mandeln garnieren.

49

Lachs an Zitrusfrüchten

Zubereitungszeit: ca. 30 Minuten

835 kcal · 27 g Fett · 29 %
106 g Kohlenhydrate

1 Orange
1 Grapefruit
1 TL Olivenöl
2 EL Zitronensaft
Salz
Pfeffer
100 g Basmati-Reis
150 g Lachsfilet
150 ml Fischfond
frische Minze

1. Die Orange und die Grapefruit schälen, die weiße Haut abtrennen und Filets ohne Haut ausschneiden.

2. Das Öl und 1 EL Zitronensaft verrühren. Mit Salz und Pfeffer abschmecken. Die Orangen- und Grapefruitfilets unterheben und etwa 15 Minuten ziehen lassen.

3. Reis in Salzwasser geben, aufkochen und 15 Minuten quellen lassen.

4. Lachsfilet kalt abspülen, trockentupfen, mit 1 EL Zitronensaft säuern und mit Salz und Pfeffer würzen.

5. Den Fischfond in einer Pfanne erhitzen. Den Lachs mit der Hautseite nach unten hineinlegen und zugedeckt bei mittlerer Hitze etwa 8 Minuten dünsten.

6. Den Lachs auf dem Reis anrichten. Die marinierten Früchte darauf legen und die Marinade darüber geben. Mit der Minze garnieren.

KOSMETIK-TIPP:
Grapefruit-Glyzerin-Maske

30 ml flüssiges Glyzerin
2 TL grob geriebene Grapefruitschale (unbehandelt)
2 Tropfen ätherisches Grapefruitöl
10 ml frisch gepresster Grapefruitsaft

Glyzerin und Grapefruitschale vermischen. Öl und Saft zugeben und zu einer dicken Paste verrühren. Diese können Sie im Kühlschrank zwei Wochen lang aufbewahren.

Achten Sie darauf, dass die Paste eine zähflüssige Konsistenz hat. Verteilen Sie sie gleichmäßig auf dem Gesicht und lassen Sie sie mindestens 20 Minuten einwirken. Waschen Sie die Paste anschließend mit lauwarmem Wasser ab. Diese Maske reinigt, klärt und erfrischt ihre Haut.

Lachs an Zitrusfrüchten

Zander auf Nudelcurry

Zubereitungszeit: ca. 20 Minuten

760 kcal · 20 g Fett · 24 %
86 g Kohlenhydrate

1 Zwiebel
1 Apfel, 1 Orange
200 g Zanderfilet
1 EL Pflanzenöl
1 EL gehackte Erdnüsse
1 TL Currypulver
100 ml Gemüsebrühe (instant)
30 ml frisch gepresster
  Orangensaft
Salz, Pfeffer
50 g grüne Erbsen (TK)
150 g Bandnudeln
1 TL gehackter Kerbel

1. Die Zwiebel schälen und in Würfel schneiden. Den Apfel vierteln, entkernen und in Spalten schneiden. Die Orange schälen, die weiße Haut abtrennen und die Filets ohne Haut ausschneiden. Den Zander kalt abspülen, trockentupfen und in 2 cm große Stücke schneiden.
2. Das Öl in einer Pfanne erhitzen. Die Zwiebel, die Erdnüsse und das Currypulver glasig dünsten. Dann die Brühe und den Saft angießen. Mit etwas Salz und Pfeffer abschmecken.

3. Apfelspalten, Orangenfilets, Tiefkühl-Erbsen und Zanderstücke unterheben. Alles zugedeckt und bei geringer Hitze etwa 8 Minuten köcheln lassen.
4. Die Nudeln in Salzwasser bissfest kochen. In ein Sieb abgießen, abschrecken und abtropfen lassen.
5. Die Nudeln auf einen Teller geben und mit der Sauce überziehen. Mit dem Kerbel garnieren.

51

Hühncheneintopf

Zubereitungszeit: ca. 25 Minuten

685 kcal · 22 g Fett · 29 %
57 g Kohlenhydrate

150 g Tomaten
1 Zwiebel
150 g Hühnerbrust
1 EL Olivenöl
1 TL Paprikapulver
1 TL Tomatenmark
100 ml passierte Tomaten
300 ml Hühnerbrühe (instant)
200 g Suppengemüse (TK)
80 g Spiralnudeln
Salz, Pfeffer
30 g Mozzarella in Streifen
1 TL gehackter Estragon

1. Die Tomaten waschen, putzen und in Würfel schneiden. Die Zwiebel schälen und in Würfel schneiden. Das Fleisch in feine Streifen schneiden.
2. Das Öl in einem Topf erhitzen. Die Zwiebel glasig dünsten, das Fleisch zugeben und kurz mitbraten. Das Paprikapulver und das Tomatenmark zugeben und verrühren. Die passierten Tomaten und die Brühe zufügen und alles aufkochen lassen.

3. Die Tomatenwürfel und das Tiefkühl-Suppengemüse unterheben und bei geringer Hitze 10 Minuten köcheln lassen.
4. Die Nudeln in Salzwasser bissfest kochen. In ein Sieb abgießen, abschrecken und abtropfen lassen.
5. Die Sauce mit Salz und Pfeffer abschmecken.
6. Die Nudeln und den Mozzarella unterheben, einmal aufkochen, beiseite stellen und 3 Minuten ziehen lassen.
7. Den Eintopf in eine Schale geben und mit dem Estragon garnieren.

Süßes Huhn mit Früchten

Zubereitungszeit: ca. 25 Minuten

980 kcal · 15 g Fett · 14 %
154 g Kohlenhydrate

100 g Ananas (Dose)
1 Banane
1 Apfel, 1 Orange
150 g Hähnchenbrustfilet
Pfeffer
100 g Bandnudeln
1 EL Pflanzenöl
1 TL Currypulver
1 TL Paprikapulver
50 ml Ananassaft
100 ml Gemüsebrühe
1 TL Rosinen, 1 Prise Salz
1 EL Magerquark
1 TL Schnittlauchröllchen

1. Die Ananas in 1 cm dicke Stücke schneiden. Die Banane schälen und in 1 cm dicke Stücke schneiden. Den Apfel schälen und in Spalten schneiden. Die Orange schälen, die weiße Haut abtrennen und die Filets ohne Haut ausschneiden. Das Fleisch in feine Streifen schneiden und mit Pfeffer würzen.
2. Die Nudeln in Salzwasser bissfest kochen. In ein Sieb abgießen, abschrecken und abtropfen lassen.
3. Das Öl in einer Pfanne erhitzen. Das Fleisch und die Apfelspalten etwa 4 Minuten

bei mittlerer Temperatur anbraten. Das Paprika- und Currypulver zugeben und kurz mitdünsten.
4. Mit dem Ananassaft und der Brühe ablöschen und aufkochen lassen. Die Ananas- und Bananenstücke sowie die Orangenfilets und die Rosinen unterheben.
5. Zugedeckt etwa 4 Minuten bei geringer Hitze köcheln lassen. Mit Salz abschmecken.
6. Den Quark unterrühren. Die Sauce auf den Nudeln anrichten und mit dem Schnittlauch garnieren.
(auf dem Foto)

Hühnerfrikassee mit Brunnenkresse

Zubereitungszeit: ca. 30 Minuten

680 kcal · 18 g Fett · 24 %
53 g Kohlenhydrate

1 große Möhre
150 g frische Champignons
Salz
$\frac{1}{2}$ TL Zucker
1 Zwiebel
1 Knoblauchzehe
150 g Hühnerbrust
1 Bund Brunnenkresse
80 g Langkornreis
1 EL Olivenöl
100 ml Weißwein
100 g Joghurt (1,5 % F.)
50 g Magerquark
Pfeffer

1. Die Möhre und die Champignons waschen und putzen. Die Möhre schälen und in Stifte schneiden. Etwas Wasser zum Kochen bringen. Salz und Zucker zugeben. Die Stifte bissfest kochen, in ein Sieb abgießen, abschrecken und beiseite stellen.
2. Die Pilze in Scheiben schneiden. Die Zwiebel und den Knoblauch schälen und in feine Würfel schneiden. Das Fleisch in Würfel schneiden. Die Kresse waschen, entstielen und grob hacken.
3. Den Reis in kochendes Wasser geben, 15 Minuten quellen lassen und abgießen.

4. Das Öl in einer Pfanne erhitzen. Zwiebel, Knoblauch und Fleisch zugeben und bei mittlerer Hitze 3 Minuten dünsten. Kresse, Pilze und Möhren zufügen. Den Wein angießen und zugedeckt bei geringer Hitze 5 Minuten köcheln lassen.
5. Das gegarte Fleisch und Gemüse aus der Pfanne nehmen. Den Joghurt und den Quark in den Fond geben, verrühren, aufkochen und mit Salz und Pfeffer abschmecken.
6. Reis, Gemüse und Fleisch unterheben und alles einmal aufkochen. Beiseite stellen und kurz ziehen lassen.

Scharfes Huhn mit buntem Gemüse

Zubereitungszeit: ca. 25 Minuten

555 kcal · 15 g Fett · 24 %
57 g Kohlenhydrate

1 Frühlingszwiebel
1 Chilischote
1 Zwiebel
250 g Gemüsemischung (TK)
150 g Hühnerbrust
1 TL Sambal Oelek
2 EL Sojasauce
80 g Basmati-Reis
1 EL Olivenöl
100 ml Gemüsebrühe (instant)
Salz
Pfeffer
1 TL Kressekeimlinge

1. Die Frühlingszwiebel und die Chilischote waschen, putzen und in Streifen schneiden. Die Zwiebel schälen und in Würfel schneiden. Die Tiefkühl-Gemüsemischung nach Packungsangaben zubereiten.
2. Das Fleisch in feine Streifen schneiden und mit dem Sambal Oelek und der Sojasauce vermengen, beiseite stellen und 5 Minuten ziehen lassen.
3. Den Basmati-Reis in kochendes Wasser geben und etwa 15 Minuten quellen lassen.

4. Das Öl in einer Pfanne erhitzen. Die Zwiebelwürfel und Chilistreifen zugeben und glasig dünsten. Das Fleisch mit der Marinade zugeben. Bei mittlerer Hitze und unter ständigem Wenden 3 Minuten braten.
5. Die Brühe und die Frühlingszwiebel zugeben, aufkochen und mit Salz und Pfeffer abschmecken. Beiseite stellen und das Ganze 5 Minuten ruhen lassen.
6. Den Reis mit dem Fleisch und Gemüse auf einem Teller anrichten und mit der Kresse garnieren.

Schmorgemüse mit Putenstreifen

Schmorgemüse mit Putenstreifen

Zubereitungszeit: ca. 25 Minuten

780 kcal · 24 g Fett · 27 %
82 g Kohlenhydrate

1 halbe grüne Paprikaschote
1 halbe rote Paprikaschote
1 Zwiebel
1 Knoblauchzehe
150 g Putenbrust
1 EL Olivenöl
Salz
Pfeffer
150 ml Gemüsebrühe (instant)
150 g kurze Makkaroni
100 g Mais (Dose)
1 EL saure Sahne
1 EL gehackte Petersilie

1. Die Paprikaschoten waschen, putzen, halbieren, entkernen und in Würfel schneiden. Die Zwiebel und den Knoblauch schälen und in feine Würfel schneiden. Die Putenbrust von Sehnen befreien und in Streifen schneiden.
2. Das Öl in einer Pfanne erhitzen und das Fleisch kräftig anbraten. Die Paprika-, Zwiebel- und Knoblauchwürfel bei mittlerer Hitze zugeben. Salzen, pfeffern und etwa 2 Minuten dünsten.

3. Mit der Brühe ablöschen und etwa 8 Minuten köcheln lassen.
4. Die Nudeln in Salzwasser bissfest kochen. In ein Sieb abgießen, abschrecken und abtropfen lassen.
5. Den Mais und die saure Sahne unterheben, mit Salz und Pfeffer abschmecken und 2 Minuten zugedeckt ziehen lassen.
6. Die Sauce auf den Nudeln anrichten und mit der Petersilie garnieren.

Chinapfanne mit Rindfleisch und Gemüse

Zubereitungszeit: ca. 35 Minuten

580 kcal · 17 g Fett · 26 %
68 g Kohlenhydrate

150 g frische Champignons
80 g Rinderfilet
4 EL Sojasauce
1 Spritzer Tabasco
Pfeffer
½ TL Zucker
150 g chinesische Weizen-
  nudeln (fadenförmig)
1 TL Olivenöl
1 zerdrückte Knoblauchzehe
1 TL gehackte Ingwerwurzel
3 EL Hoisinsauce
150 ml Gemüsebrühe (instant)
150 g Blattspinat (TK)
Salz

1. Die Champignons waschen, putzen, in Scheiben schneiden und beiseite stellen.
2. Das Fleisch in feine Streifen schneiden. Die Sojasauce mit Tabasco, Pfeffer und Zucker verrühren und das Fleisch unterheben. Zugedeckt etwa 20 Minuten ziehen lassen.
3. Die Nudeln in Salzwasser bissfest kochen. In ein Sieb abgießen, abschrecken und abtropfen lassen.
4. Das Öl in einer Pfanne erhitzen. Den Knoblauch und den Ingwer glasig darin dünsten. Das Fleisch mit der Ma-

rinade und die Hälfte der Hoisinsauce zugeben und etwa 3 Minuten mitbraten.
5. Die Brühe in einem Topf aufkochen. Den Tiefkühl-Spinat, die Champignons und restliche Hoisinsauce zufügen und 5 Minuten köcheln lassen. Mit Salz, Pfeffer, Tabasco und Zucker abschmecken.
6. Die Nudeln in die Brühe geben und 2 Minuten köcheln lassen.
7. Das Fleisch zum Gemüse und den Nudeln geben und zugedeckt einige Minuten ziehen lassen.
(auf dem Foto)

Rumpsteak an Orangen-Pfeffer-Sauce

Zubereitungszeit: ca. 25 Minuten

725 kcal · 23 g Fett · 29 %
80 g Kohlenhydrate

180 g Rumpsteak ohne
  Fettrand
Pfeffer
1 TL Pflanzenöl
Salz
1 Orange
1 EL Orangenkonfitüre
1 TL grüner Pfeffer
frische Zitronenmelisse
100 g frisches Baguette

1. Das Rumpsteak auf eine Dicke von 2 cm klopfen und pfeffern. Das Öl in einer beschichteten Pfanne erhitzen. Das Fleisch beidseitig kräftig anbraten und aus der Pfanne nehmen, salzen und in einem vorgeheizten Backofen bei 170 °C etwa 5 Minuten braten.
2. Die Orange schälen, die weiße Haut sorgfältig abtrennen und anschließend die Orangenfilets ohne Haut ausschneiden. Dabei den Saft für die Sauce auffangen.

3. Konfitüre, Saft und Pfefferkörner verrühren. Alles in die Pfanne mit dem Fleischsaft geben.
4. Aufkochen lassen, die Orangenfilets zugeben und beiseite stellen. 1 Minute zugedeckt ziehen lassen.
5. Das Rumpsteak aus dem Ofen nehmen, in Alufolie einwickeln und etwa 3 Minuten ruhen lassen. Das Fleisch auf einem Teller mit der Sauce überziehen. Mit der Zitronenmelisse garnieren und mit dem Baguette anrichten.

Spinat-Zwiebel-Topf mit Rindfleisch

Zubereitungszeit: ca. 25 Minuten

745 kcal · 19 g Fett · 23 %
97 g Kohlenhydrate

250 g frischen Spinat
1 Möhre
200 g Kartoffeln
2 Zwiebeln
100 g Rinderfilet
1 EL Olivenöl
400 ml Gemüsebrühe (instant)
Salz
Pfeffer
100 g frisches Baguette

1. Spinat, Möhre und Kartoffeln waschen und putzen. Den Spinat entstielen und grob hacken. Die Möhre und die Kartoffeln schälen und in 1 cm dicke Würfel schneiden. Die Zwiebeln schälen und in Ringe schneiden. Das Fleisch in feine Scheiben schneiden.
2. Das Öl in einem Topf erhitzen. Die Filetscheiben und die Hälfte der Zwiebelringe zugeben und beides kräftig unter ständigem Wenden 2 Minuten anbraten. Beides aus der Pfanne nehmen und beiseite stellen.

3. Die Brühe in den Topf geben und aufkochen lassen. Den Rest der Zwiebelringe sowie die Kartoffel- und Möhrenwürfel zugeben und zugedeckt 15 Minuten köcheln lassen.
4. Den Spinat zufügen und weitere 5 Minuten köcheln lassen.
5. Das gebratene Fleisch mit den Zwiebeln zugeben, aufkochen lassen und beiseite stellen. Mit Salz und Pfeffer abschmecken und einige Minuten ruhen lassen.
6. Den Gemüse-Fleisch-Topf mit dem Baguette servieren.

Gemüsesalat mit Glasnudeln

Zubereitungszeit: ca. 20 Minuten

740 kcal · 21 g Fett · 26 %
92 g Kohlenhydrate

1 Möhre
100 g Zuckerschoten
½ Chinakohl
1 rote Paprikaschote
100 g Rinderfilet
1 EL Sojaöl
Pfeffer
150 g breite Glasnudeln
3 EL Sojasauce
50 g saure Sahne
30 ml Gemüsebrühe (instant)
Salz
½ TL Zucker

1. Möhre, Zuckerschoten, Chinakohl und Paprikaschote waschen und putzen. Die Möhre in feine Scheiben schneiden. Den Chinakohl quer in 1 cm breite Streifen schneiden. Die Paprikaschote halbieren, entkernen und in Würfel schneiden.
2. Das Fleisch in dünne Scheiben schneiden.
3. Das Öl in einer Pfanne erhitzen. Möhrenscheiben, Zuckerschoten, Chinakohlstreifen, Paprikawürfel und Filetscheiben etwa 4 Minuten

unter ständigem Wenden anbraten. Pfeffern, zudecken und beiseite stellen.
4. Die Glasnudeln nach Packungsanweisung kochen, in ein Sieb abgießen und abtropfen lassen.
5. Für das Dressing Sojasauce, saure Sahne und Brühe in einer Schüssel verrühren. Mit Salz, Pfeffer und Zucker abschmecken.
6. Die Fleisch-Gemüse-Mischung und die Nudeln dazugeben und mischen. 5 Minuten ziehen lassen.

Grüner Chiligulasch

Grüner Chiligulasch

Zubereitungszeit: ca. 45 Minuten

625 kcal · 18 g Fett · 26 %
51 g Kohlenhydrate

200 g Tomaten
150 g frischer Spinat
1 scharfe Chilischote
200 g Kartoffeln
1 Zwiebel
150 g Rinderhüfte
1 EL Pflanzenöl
1 EL Tomatenmark
1 zerdrückte Knoblauchzehe
1 TL gehackte Ingwerwurzel
1 Msp. Koriander
1 Msp. Kreuzkümmel
1 Lorbeerblatt
50 ml kräftiger Rotwein
400 ml Gemüsebrühe (instant)
Salz, Pfeffer

1. Tomaten, Spinat und Chilischote waschen und putzen. Die Tomaten in grobe Würfel schneiden. Den Spinat grob hacken. Die Chilischote in feine Ringe schneiden. Die Kartoffeln schälen und in 1 cm große Würfel schneiden. Die Zwiebel schälen und in Würfel schneiden. Das Fleisch in 1 cm große Würfel schneiden.
2. Das Öl in einem Topf erhitzen und die Fleischwürfel kräftig von allen Seiten anbraten. Tomatenmark, Zwiebelwürfel, Knoblauch, Ingwer, Chiliringe, Koriander, Kreuzkümmel und Lorbeerblatt zugeben und bei mittlerer Hitze 2 Minuten kurz mitdünsten.

3. Mit dem Rotwein ablöschen. Mit der Brühe auffüllen. Die Kartoffelwürfel zugeben und aufkochen lassen.
4. Zugedeckt bei geringer Hitze etwa 30 Minuten köcheln lassen.
5. Den Spinat oder Mangold 5 Minuten vor Ende der Garzeit zugeben, noch einmal abschmecken und anrichten.

Feuriges Reisfleisch mit Paprika

Zubereitungszeit: ca. 20 Minuten

745 kcal · 18 g Fett · 22 %
90 g Kohlenhydrate

80 g Langkornreis
1 grüne Paprikaschote
1 rote Paprikaschote
1 Zwiebel
1 scharfe Chilischote
150 g Schweinefilet
1 EL Olivenöl
1 TL Paprikapulver
1 TL Tomatenmark
250 ml Gemüsebrühe (instant)
50 g Mais (Dose)
50 g Kidneybohnen (Dose)
Salz, Pfeffer
1 TL gehackte Petersilie

1. Den Reis in kochendes Wasser geben und 15 Minuten quellen lassen.
2. Die Paprikaschoten und die Chilischote waschen und putzen. Die Paprikaschoten halbieren, entkernen und in Würfel schneiden. Die Zwiebel schälen und in Würfel und die Chilischote in feine Ringe schneiden. Das Fleisch in dünne Scheiben schneiden.
3. Das Öl in einer Pfanne erhitzen. Die Zwiebelwürfel und die Chiliringe glasig dünsten. Die Filetscheiben und die Paprikawürfel zugeben und mitbraten. Das Paprikapulver und das Tomatenmark zufügen und etwa 2 Minuten bei mittlerer Hitze braten.
4. Mit der Brühe ablöschen, umrühren und 5 Minuten köcheln lassen.
5. Den Reis, den Mais und die Bohnen unterheben. Mit Salz und Pfeffer abschmecken. Die Pfanne beiseite stellen und zugedeckt 2 Minuten ziehen lassen.
6. Das Reisfleisch auf einem Teller anrichten und mit der Petersilie garnieren.

Sauerkraut mit Paprika und Pfefferfleisch

Zubereitungszeit: ca. 25 Minuten

335 kcal · 10 g Fett · 28 %
19 g Kohlenhydrate

1 grüne Paprikaschote
1 rote Paprikaschote
1 Chilischote
1 Zwiebel
1 Knoblauchzehe
200 g Sauerkraut (Dose)
150 g Schweinefilet
1 TL Sambal Oelek, Pfeffer
1 TL Erdnussöl
1 TL Paprikapulver
1 TL Tomatenmark
250 ml Gemüsebrühe (instant)
1 Lorbeerblatt, Salz
1 EL gehackte Zitronenmelisse

1. Die Paprikaschoten und die Chilischote waschen und putzen. Die Paprikaschoten und die Chilischote in Würfel schneiden. Die Zwiebel und den Knoblauch schälen und in Würfel schneiden.
2. Das Sauerkraut grob hacken. Das Fleisch in feine Streifen schneiden und mit Sambal Oelek und Pfeffer einreiben. Einige Minuten ziehen lassen.
3. Das Öl in einem Topf erhitzen. Die Zwiebel-, Knoblauch- und Chiliwürfel und die Fleischstreifen zugeben. Alles zusammen anbraten. Das Paprikapulver und das Tomatenmark zufügen und kurz mitdünsten.
4. Mit der Brühe ablöschen. Die Paprikawürfel und das Sauerkraut zusammen mit dem Lorbeerblatt zugeben, aufkochen und zugedeckt etwa 10 Minuten köcheln lassen.
5. Mit Salz und Pfeffer abschmecken und mit der Zitronenmelisse garnieren.

Lammtopf „Provence"

Lammtopf „Provence"

Zubereitungszeit: ca. 45 Minuten

835 kcal · 18 g Fett · 20 %
20 g Kohlenhydrate

200 g Strauchtomaten
100 g frische Champignons
2 Schalotten
1 Zwiebel
1 Knoblauch
150 g Lammfleisch (Brust)
1 EL Olivenöl
1 TL Tomatenmark
1 TL Paprikapulver
1 TL gehackter Rosmarin
50 ml Rotwein
200 ml Gemüsebrühe (instant)
Salz, Pfeffer
Kräuter der Provence

1. Die Tomaten und die Champignons waschen und putzen. Die Tomaten vierteln und entkernen. Die Champignons halbieren. Die Schalotten schälen und halbieren. Die Zwiebel und den Knoblauch schälen und in Würfel schneiden. Das Lammfleisch in dünne Streifen schneiden.
2. Das Öl in einem Topf erhitzen. Das Lammfleisch kräftig anbraten. Die Zwiebel- und Knoblauchwürfel kurz mitbraten. Das Tomatenmark, das Paprikapulver und den Rosmarin zugeben und bei mittlerer Hitze etwa 1 Minute dünsten.

3. Den Rotwein zufügen und die Brühe angießen. Mit Salz, Pfeffer und den Kräutern der Provence abschmecken und aufkochen lassen.
4. Die Tomatenviertel und die Champignonhälften unterheben und das Ganze zugedeckt im vorgeheizten Backofen bei 180 °C etwa 30 Minuten schmoren.

TIPP:
Wenn Sie die doppelte Menge zubereiten, können Sie eine Hälfte einfrieren oder für eine weitere Mahlzeit am nächsten Tag aufbewahren.

61

Schweinegeschnetzeltes mit Banane

Zubereitungszeit: ca. 25 Minuten

720 kcal · 13 g Fett · 28 %
37 g Kohlenhydrate

1 grüne Paprikaschote
1 rote Paprikaschote
1 Zwiebel
1 Banane
150 g Schweinerücken
  (Schnitzelfleisch)
1 TL Pflanzenöl
1 TL Paprikapulver
100 ml Gemüsebrühe (instant)
25 ml Sojasauce
Salz
Pfeffer
½ TL Zucker
150 g Bandnudeln
1 EL gezupfte Kressekeimlinge

1. Die Paprikaschoten waschen, putzen, halbieren, entkernen und in feine Streifen schneiden. Die Zwiebel schälen und in Ringe schneiden. Die Banane schälen und in dünne Scheiben schneiden.
2. Das Fleisch in feine Streifen schneiden.
3. Das Öl in einer beschichteten Pfanne erhitzen. Das Fleisch kräftig anbraten und das Paprikapulver zugeben.
4. Mit der Brühe und der Sojasauce ablöschen. Paprikastreifen und Zwiebel zugeben und mit Salz, Pfeffer und Zucker würzen. Alles zugedeckt und bei geringer Hitze etwa 8 Minuten köcheln lassen.

5. Die Nudeln in Salzwasser bissfest kochen. In ein Sieb abgießen, abschrecken und abtropfen lassen.
6. Kurz vor Ende der Garzeit der Fleisch-Gemüse-Mischung die Banane unterheben und zugedeckt alles 2 Minuten ziehen lassen.
7. Mit der Kresse garnieren.

TIPP:
Verwenden Sie das Salz sparsam, da die meisten Sojasaucen bereits stark gesalzen sind.

Linsentopf mit Schinken und Gemüse

Zubereitungszeit: ca. 20 Minuten

635 kcal · 14 g Fett · 20 %
67 g Kohlenhydrate

1 Frühlingszwiebel
150 g Pellkartoffeln
1 Zwiebel
80 g mageren Schinken
1 TL Olivenöl
1 TL Paprikapulver
1 TL Currypulver
150 ml Gemüsebrühe (instant)
200 g Linsen (Dose)
150 g Gemüsemischung (TK)
Salz, Pfeffer
Essig nach Belieben

1. Die Frühlingszwiebel waschen, putzen und in feine Ringe schneiden. Die Kartoffeln schälen und in Würfel schneiden. Die Zwiebel schälen und in grobe Würfel schneiden. Den Schinken in Streifen schneiden.
2. Das Öl in einem Topf erhitzen. Die Schinkenstreifen und die Zwiebelwürfel anbraten. Das Paprika- und Currypulver zugeben und kurz mitdünsten.

3. Mit der Brühe ablöschen. Linsen, Tiefkühl-Gemüsemischung und Kartoffelwürfel zugeben und zugedeckt bei geringer Hitze etwa 7 Minuten köcheln lassen.
4. Mit Salz und Pfeffer abschmecken. 2 Minuten vor Ende der Garzeit die Frühlingszwiebelringe unterheben. Nach Belieben mit Essig würzen.
(auf dem Foto)

Reispfanne mit Kasseler und Bohnen

Zubereitungszeit: ca. 25 Minuten

980 kcal · 29 g Fett · 27 %
144 g Kohlenhydrate

1 Zwiebel
80 g Kasseler
1 EL Olivenöl
1 TL Tomatenmark
100 g Langkornreis
300 ml Gemüsebrühe (instant)
100 g Kidneybohnen (Dose)
Salz
Pfeffer
1 TL gehacktes Bohnenkraut
1 EL Schnittlauchröllchen

1. Die Zwiebel schälen und in feine Würfel schneiden. Das Kasseler in Würfel schneiden.
2. Das Öl in einem Topf erhitzen. Die Zwiebelwürfel, das Tomatenmark und die Fleischwürfel kurz anbraten und den Reis zugeben.
3. Die Brühe angießen, aufkochen und zugedeckt etwa 18 Minuten köcheln lassen.

4. Kurz vor Ende der Garzeit die Bohnen zugeben. Mit Salz und Pfeffer abschmecken und das Bohnenkraut zufügen. Einige Minuten ziehen lassen.
5. Mit dem Schnittlauch garnieren.
(auf dem Foto)

Hirsegulasch mit Gemüse und Schinken

Zubereitungszeit. ca. 25 Minuten

700 kcal · 19 g Fett · 24 %
83 g Kohlenhydrate

250 g Gemüsemischung (TK)
1 Zwiebel
100 g mageren Schinken
1 EL Olivenöl
250 ml Gemüsebrühe (instant)
80 g Hirse
Salz
Pfeffer
1 EL gehackten Schnittlauch

1. Die Tiefkühl-Gemüsemischung in Salzwasser bissfest kochen, in ein Sieb abgießen, abschrecken und abtropfen lassen.
2. Die Zwiebel schälen und in feine Streifen schneiden. Den Schinken in feine Streifen schneiden.
3. Das Öl in einem Topf erhitzen. Die Zwiebel- und Schinkenstreifen etwa 2 Minuten anbraten, aus der Pfanne nehmen und beiseite stellen.

4. Den Bratensatz in der Pfanne mit der Brühe ablöschen und die Hirse zugeben, aufkochen und bei geringer Hitze 10 Minuten köcheln lassen.
5. Mit Salz und Pfeffer abschmecken. Die Gemüsemischung sowie die Zwiebel-Schinken-Mischung zufügen, aufkochen und beiseite stellen. Zugedeckt 3 Minuten ziehen lassen.
6. Das Hirsegulasch mit dem Schnittlauch garnieren.

Pflaumensoufflé „Winterzauber"

Zubereitungszeit: ca. 20 Minuten

390 kcal · 1 g Fett · 3 %
71 g Kohlenhydrate

80 g entsteinte Trocken-
  pflaumen
20 g Joghurt (1,5 % F.)
3 TL Zucker
1 Prise Salz
3 Eiweiß
1 TL gehackte Pfefferminze

1. Die Pflaumen in warmem Wasser 10 Minuten einweichen.
2. Den Joghurt in einer Schüssel mit dem Zucker und dem Salz vermischen. Die Pflaumen in ein Sieb abgießen, in Würfel schneiden und mit der Joghurt-Mischung verrühren.
3. Das Eiweiß steif schlagen.
4. Den Pflaumenjoghurt in eine kleine Auflaufform geben. Das Eiweiß vorsichtig unterheben.
5. 15–20 Minuten in einem vorgeheizten Backofen bei 180 °C backen.
6. Mit der Minze garnieren.

KOSMETIK-TIPP:
Körper-Peeling mit Minze

3 Zweige frische Minze
100 g Joghurt
200 g ungeschältes Reismehl

Die Minze waschen, putzen, fein hacken und mit dem Joghurt verrühren. Über Nacht im Kühlschrank ziehen lassen. Das Mehl unterheben.

Die Peelingcreme können Sie auf dem ganzen Körper anwenden. Creme auftragen, Haut sanft damit massieren, mit lauwarmem Wasser abwaschen.

Milchreis mit Trockenobst

Zubereitungszeit: ca. 30 Minuten

825 kcal · 5 g Fett · 5 %
176 g Kohlenhydrate

80 g Trockenobst (z. B. Pflau-
  men oder Aprikosen)
250 ml Milch (1,5 % F.)
½ Vanillestange
½ Zimtstange
80 g Rundkornreis
5 TL Zucker
1 Prise Salz
100 ml Weißwein
1 TL brauner Zucker

1. Das Trockenobst 10 Minuten in warmem Wasser einweichen.
2. Die Milch in einen Topf geben und aufkochen lassen. Die Vanillestange halbieren, das Mark ausstreichen und zusammen mit der halben Zimtstange in die Milch geben. Reis, 4 TL Zucker und Salz zugeben. Den Reis unter ständigem Rühren bei geringer Hitze 20 Minuten quellen lassen.

3. Den Wein in einem Topf aufkochen. Das Obst aus dem Einweichwasser nehmen und zusammen mit 1 TL Zucker zum Wein geben und 5 Minuten köcheln lassen.
4. Das Trockenobst in ein Sieb abgießen, abschrecken, abtropfen lassen und in feine Würfel schneiden.
5. Die Vanille- und die Zimtstange aus dem Reis entfernen. Das Trockenobst unterheben und mit dem braunen Zucker garnieren.
(auf dem Foto)

Bananen-Kirsch-Quark

Zubereitungszeit: ca. 20 Minuten

340 kcal · 5 g Fett · 14 %
48 g Kohlenhydrate

1 große Banane
100 g Kirschen
frische Minze
100 g Magerquark
100 g Joghurt (1,5 % F.)
2 EL Fruchtsaft
1 Prise Salz
etwas Zucker
1 TL gehobelte Mandeln

1. Die Banane schälen und in Scheiben schneiden. Die Kirschen waschen, halbieren und entkernen. Die Minze waschen und in Streifen schneiden.
2. Quark, Joghurt und Fruchtsaft verrühren. Mit Salz und Zucker abschmecken.
3. Die Bananenscheiben und die Kirschenhälften unterheben und etwa 10 Minuten ziehen lassen.
4. Den Fruchtquark anrichten und mit den Mandeln und der Pfefferminze garnieren.

KOSMETIK-TIPP:
Bananen-Honig-Maske

1 Banane
1 EL Joghurt
2 EL Honig

Die Banane mit einer Gabel zerdrücken und mit dem Joghurt und dem Honig vermischen. Der Honig sollte Zimmertemperatur haben.

Verteilen Sie die Mischung auf Gesicht und Hals. Nach 15 Minuten mit lauwarmem Wasser wieder abwaschen. Die Maske macht die Haut zart und frisch.

Früchtequark „leicht und cremig"

Zubereitungszeit: ca. 10 Minuten

290 kcal · 2 g Fett · 6 %
47 g Kohlenhydrate

70 g Himbeeren (TK)
70 g Aprikosen (Dose)
100 g Magerquark
100 g Joghurt (3,5 % F.)
50 ml Aprikosensaft
etwas Zucker
1 Prise Salz

1. Die Himbeeren und die Aprikosen pürieren.
2. Quark, Joghurt und Aprikosensaft in eine Schüssel geben und verrühren. Mit dem Zucker und dem Salz abschmecken.
3. Das Früchtepüree unterheben und einige Minuten ruhen lassen.
(auf dem Foto)

TIPPS:
Bei dieser Menge können Sie sich eine Hälfte des Früchtequarks für das Büro oder den nächsten Tag aufheben.
Wer mag, hebt das Früchtepüree nicht unter, sondern garniert den Quark damit.

Desserts

Erdbeer-Cassis-Sorbet

Zubereitungszeit: ca. 25 Minuten

380 kcal · 12 g Fett · 28 %
64 g Kohlenhydrate

100 g Erdbeeren
150 g Erdbeereis (Sorbet)
60 ml schwarzer
*   Johannisbeersaft*
frische Minze

1. Die Erdbeeren waschen, Stielansatz entfernen und in kleine Stücke schneiden.
2. Das Eis und den Saft mit Hilfe eines Schneebesens schlagen. Die Erdbeerstücke unterheben.
3. In eine flache Schale füllen und für 20 Minuten in den Tiefkühler stellen.
4. Mit der Minze garnieren. (auf dem Foto)

TIPP:
Geben Sie vor dem Einfrieren etwas Sekt oder Champagner auf das Sorbet.

KOSMETIK-TIPP:
Erdbeer-Ingwer-Belebungs-maske

60 g Erdbeeren
100 g Ingwerwurzel
2 EL Porzellanerde (Kaolin)

Erdbeeren, Ingwer und Porzellanerde in einem Mixer etwa 1 Minute pürieren.

Tragen Sie die Mischung auf sich müde anfühlende Körperzonen auf und lassen Sie sie einige Minuten einwirken. Waschen Sie die Maske mit lauwarmem Wasser ab.

Arme Ritter

Zubereitungszeit: ca. 25 Minuten

435 kcal · 12 g Fett · 23 %
68 g Kohlenhydrate

1 Apfel
1 altbackenes Brötchen
1 EL Rosinen
1 TL gehobelte Mandeln
60 ml Milch (1,5 % F.)
1 Ei
2 TL Zucker
1 Prise Salz

1. Den Apfel waschen, schälen, vierteln, entkernen und längs in dünne Spalten schneiden. Das Brötchen in dünne Scheiben schneiden.
2. Die Apfelspalten und die Brotscheiben abwechselnd und kreisförmig in eine kleine Souffléform schichten. Die Rosinen und die Mandeln zwischen die Schichten streuen.

3. Milch, Ei, Zucker und Salz schaumig schlagen und darüber verteilen.
4. In einem vorgeheizten Backofen bei 170 °C etwa 10 Minuten goldgelb überbacken.

LOW FETT 30-Tabelle

	kcal	Gramm Fett	% Fett
Brot, Getreideprodukte			
Brot, Brötchen			
Baguette, 1 Stück, 50 g	126	1	7,14
Baguette-Brötchen, 1 Stück, 80 g	202	1	4,46
Brandt Marken Zwieback, 100 g	394	6	13,70
Brandt Vollkorn-Zwieback, 100 g	359	6	15,04
Brötchen, Mehrkorn, 1 Stück, 60 g	140	1	6,43
Brötchen, Roggen, 1 Stück, 60 g	132	1	6,82
Brötchen, Weizen, Semmel, 1 Stück, 50 g	136	1	6,62
Mischbrot, Roggen, 1 Scheibe, 50 g	105	1	8,57
Mischbrot, Weizen mit Sonnenblumenkernen, 1 Scheibe, 50 g	118	2	15,25
Vollkornbrot, Roggen, 1 Scheibe, 50 g	96	1	9,38
Vollkornbrot, Weizen, 1 Scheibe, 50 g	99	+	0,00
Weißbrot, 1 Scheibe, 50 g	130	2	13,85
Kuchen (100 g Rohprodukt)			
Dr. Oetker Käsekuchen	364	0,4	0,99
Dr. Oetker Kuchenmischung Marmorkuchen	355	1,7	4,31
Dr. Oetker Kuchenmischung Zitronenkuchen	369	1,4	3,41
Müsli/Cerealien (30 g)			
Basis Müsli	121	2	14,88
Haferflocken	110	2	16,36
Kellogg's Cornflakes	110	0,18	1,47
Kellogg's Crunchy Nut	117	0,93	7,15
Kellogg's Toppas	102	0,45	3,97
Kölln Knusper Haferfleks	116	2	15,52
Mais-Knusperflocken ohne Zucker	109	1	8,26
Schneekoppe 10 Vitamine & Schoko Müsli	380	11	26,05
Schneekoppe Tigerentenmüsli	365	2	4,93
Getreide, Getreideprodukte, Reis (100 g)			
Müller's Mühle Golden Reis, paraboiled	349	0,6	1,55
Müller's Mühle Jasminreis	345	0,6	1,57
Müller's Mühle Langkornreis/Wildreis	345	0,6	1,30
Müller's Mühle Milchreis (Rundkornreis)	344	1	2,61
Müller's Mühle Reis, Natur, ungeschält	349	2	5,15
Weizenmehl, Type 1700	302	2	5,96
Weizenmehl, Type 405	332	1	2,71
Nudeln (100 g Rohprodukt)			
3-Glocken „Die mag ich", feine Eiernudeln	367	3	7,32
3-Glocken Genuss pur	358	1,5	3,77
3-Glocken Gold-Ei, Landnudeln	352	4	10,23

	kcal	Gramm Fett	% Fett
Glasnudeln	160	1	5,62
Vollkornnudeln	323	2	5,57
Fleisch			
Kalb (100 g)			
Braten	107	3	25,23
Filet/Lende	111	3	24,32
Schnitzel/Keule	102	2	17,65
Rind (100 g)			
Beefhack (Tatar)	113	3	23,89
Filet/Roulade	121	4	29,75
Roastbeef	130	4	27,69
Schwein (100 g)			
Filet	107	2	16,82
Schnitzel	107	2	16,82
Geflügel (100 g)			
Geflügel, Keule, ohne Haut	114	3,6	28,42
Hähnchenbrust, Filet, ohne Haut	102	1	8,82
Putenfilet- und Schnitzel	105	1	8,57
Schinken, Wurst (100 g)			
Geflügelwurst	122	2	14,75
Herta Farmerschinken Virginia	110	3	24,55
Herta Finesse Lachsschinken	124	1	7,26
Herta Rohschinkenwürfel	137	3	19,71
Herta Schinkenstreifen, gegart	110	3	24,55
Herta Westfälischer Saftschinken	110	3	24,55
Lachsschinken ohne Fettrand	107	2	16,82
Eier			
Eier Gewichtsklasse M, 1 Stück, 60 g	93	7	67,74
Eiweiß von 1 Ei, 35 g	17	0	0,00
Fisch, Meeresfrüchte			
Forelle, 100 g	103	3	26,21
Garnelen/Krabben, ausgelöst, 100 g	87	1	10,34
Kabeljau, 100 g	77	1	11,69
Seelachs, 100 g	80	0,8	9,00
Thunfisch, Dose, naturell, 150 g	167	1	5,39
Thunfisch, frisch, 100 g	125	2	14,40
Milch, Milchprodukte			
Milch, Milchdrinks, Milchdesserts			
Bananenmilch, 1 Glas, 200 ml	166	4	21,69
Buttermilch (0,5 % Fett), 1 Glas, 200 ml	78	1	11,54
Kakaotrunk (fettarm), 1 Glas, 200 ml	122	3	22,13
Milch, fettarm (1,5 % Fett), 1 Glas, 200 ml	98	3	27,55
Milch/Magermilch, entrahmt (0,3 % Fett), 1 Glas, 200 ml	72	+	0,00

	kcal	Gramm Fett	% Fett
Müller Multivitamin-Buttermilch, 500 g	355	4	10,14
Joghurt, Joghurtdrinks			
Danone Für Kinder, 125 g	116	2	15,52
Ehrmann DailyFit plus Frucht, 150 g	161	5	27,95
Heirler Sanoghurt natur, 150 g (Reformhaus)	81	2	22,22
Müller Schoko Vanilla, 150 g	201	6	26,87
Nestle LC1 mit Fruchtinsel, 150 g	135	4	26,67
Schneekoppe probiotischer Joghurt, 150 g	60	1	15,00
Weihenstephan Käpt'n Blaubär (div. Sorten), 125 g	125	3	21,6
Quark (100 g)			
Magerquark	76	+	0,00
Qremor, Cremquark (0,2 % Fett i. Tr.)	70	+	0,00
Andere Milchprodukte/Desserts aus dem Kühlregal			
Duett Grießpudding mit Himbeersauce, 150 g	162	3	16,66
Müller Milchreis Schoko, 200 g	228	5	19,74
Müller Milchreis, pur, 200 g	220	5	20,45
Puddis Schokopudding, 125 g	123	3	21,95
Puddis Vanillepudding/Schoksauce, 125 g	128	3	21,0
Obst, Gemüse, Hülsenfrüchte			
Alle Obst- und Gemüsesorten sind LOW FETT 30			
Ausnahmen: Avocados, Oliven			
Frischkost und TK-Kost			
Sojasprossen, frisch, 100 g	50	1	15,00
TK-Suppengrün, 50 g	12	+	0,00
Konserviertes Obst und Gemüse			
Kühne Gewürzgurken, 100 g	26	0,1	3,46
Kühne Senfgurken, 100 g	35	0,1	2,57
Kühne Ananasweinkraut, 100 g	34	0,3	7,9
Kühne Sauerkraut mild, 100 g	26	0,3	10,38
Kühne Holsteiner Fasskraut, 100 g	20	0,3	13,50
Seeberger Apfelringe	234	1,6	6,15
Hülsenfrüchte (100 g)			
Müller's Mühle Schälerbsen (gelb und grün)	262	0,8	2,75
Müller's Mühle grüne Erbsen	333	1,4	3,78
(Halb-)Fertigprodukte			
Kartoffelprodukte			
Kartoffelpüree, mit Wasser zubereitet, 1 Portion	94	+	0,00
Kartoffelpüree, mit Milch zubereitet, 1 Portion	204	6	26,47
Agrarfrost Kartoffelklöße Thüringer Art (TK), 1 Portion	129	1	6,98
Agrarfrost Kartoffelklöße halb und halb (TK), 1 Portion	121	1	7,44
Agrarfrost Backfrites 3 %, 1 Portion	147	3	18,37
Agrarfrost Kartoffelpuffer, 1 Portion	113	3	23,89
1,2,3 Frites, 100 g	210	6	25,71

	kcal	Gramm Fett	% Fett
Schupfnudeln, 1 Portion	565	6	9,55
Halb und halb Klöße, 1 Portion	169	+	0,00
Rohe Klöße, 1 Portion	195	+	0,00
Gekochte Klöße, 1 Portion	178	+	0,00
Sonstige Produkte			
Böhmische Klöße, 1 Portion	236	1	3,81
Semmel-Knödel, 1 Portion	258	7	24,41
Eierspätzle, 325 g	618	16	23,30
Sanella Pizzateig, 100 g	287	5	15,67
TK-Pizzateig, 100 g	264	6	20,45
Klare Brühen (für 250 ml)			
Brühe gekörnt	8	+	0,00
Gemüse-Hefebrühe	7	+	0,00
Gemüsebrühe, klar	10	+	0,00
Salatsaucen/Dressings			
Maggi fix für Grünen Salat, 1 Beutel	25	+	0,00
Maggi fix „Französische Art", 1 Beutel	25	+	0,00
Maggi fix „Joghurt-Kräuter", 1 Beutel	26	+	0,00
Maggi fix Gartenkräuter-Sauce, 1 EL	30	+	0,00
Saucen zu Gerichten/Pastasaucen			
Uncle Ben's Fix „Chinesisch süßsauer", 1 Glas	308	0	0,00
Uncle Ben's „Indisch Curry", 1 Glas	228	5	19,73
Sauce Napoli, 200 g	104	3	25,96
3-Glocken Nudelsauce Napoli, 1 Packung	47	1,2	22,98
Maggi fix für Bolognese, 400 ml	188	0,66	3,16
Würz-/Feinkostsaucen aus Glas/Flasche			
Tomaten Ketchup	19	+	0,00
Barbecue-Sauce	19	+	0,00
Chili-Sauce	18	+	0,00
Mango-Chutney	47	+	0,00
Kikkoman Soja-Sauce, 1 EL, 15 g	11	+	0,00
Kikkoman Soja-Sauce süß, 1 EL, 15 g	13	+	0,00
Kikkoman Teriyaki Marinade, 1 EL, 15 g	11	+	0,00
Würzextrakte und -pasten			
Tomatenmark, 1 EL, 20 g	16	+	0,00
Senf, süß, 1 EL, 20 g	11	+	0,00
R-Hefextrakt, 1 TL, 5 g	11	+	0,00
Brotaufstriche			
Apfelkraut, 1 TL, 20 g	50	+	0,00
Honig, 1 TL, 6 g	18	0	0,00
Konfitüre/Marmelade (div. Sorten), 1 TL, 20 g	55	0	0,00
Zuckerrübenkraut, 1 TL, 20 g	51	0	0,00

Anhang

	kcal	Gramm Fett	% Fett
Fetiggerichte			
TK-Gerichte			
Bistro Baguettes Hawaii, 1 Stück, 150 g	285	9	28,42
Iglo Kruston, Frischkäse Tomate, 175 g	411	13	28,50
Iglo Makkaroni-Auflauf, 420 g	571	19	29,95
Dr. Oetker Pizza Bolognese	571	18	28,37
Dr. Oetker Pizza Champignon	663	21	28,50
Dr. Oetker ofenfrische Pizza Spinat	184	6	29,35
Nudel- und Reisgerichte			
Miracoli Makkaroni Tomatensauce, 1 Portion	590	14	21,35
Miracoli Spaghetti, 1 Portion	655	14	19,23
Knorr Spaghetteria Spaghetti Bolognese, 1 Portion	339	6	15,93
Risotteria Brokkoli/Käse, 1 Packung	587	7	10,73
Risotteria Käse/Champignon, 1 Packung	549	3	4,91
Pudding, Cremes, Süßspeisen			
Dr. Oetker Paradies-Creme Erdbeer (100 g Pulver)	424	9,1	19,32
Dr. Oetker Quarkfein, alle Sorten, Durchschnitt (100 g Pulver)	394	0,1	0,23
Gala Echt Karamel, 1 Portion	116	3	23,27
Götterspeise, div. Geschmacksrichtungen, 1 Portion	72	+	0,00
Rote Grütze, 1 Portion	84	+	0,00
Unterwegs essen (1 Portion)			
Milchshake, Erdbeer	290	8	24,82
Milchshake Schokolade	302	8	23,84
Soft Eis mit Schokoladensauce	279	8	25,80
Spaghetti mit Tomatensauce, klassisch	584	12	18,49
Knabberspaß und Süßes			
Knabbereien			
Seeberger Reisgebäck „Katana"	397	4,8	10,88
Seeberger Reisgebäck „Matsuri"	382	0,4	0,94
Uncle Ben's Rispinos, 100 g	231	0	0,00
Wolff Große Goldbrezel, 100 g	362	6,1	15,00
Wolff Stickletti + Brezli, 100 g	350	4,8	10,00
Riegel, Bonbons			
Balisto Korn-Mix, 1 Riegel	212	6	25,47
Banjo, 1 Riegel	342	11	28,95
Corny Schoko-Banane, 1 Riegel, 25 g	102	3	26,47
Haribo Goldbären, 100 g	340	+	0,00
Haribo Lakritz-Schnecken, 100 g	294	+	0,00
Schoko-Schaumkuss Mini, 1 Stück	37	1	24,32
Schoko-Schaumkuss, 1 Stück	105	3	25,71
Schoko-Schaumkuss, 1 Stück	105	3	25,71
Storck Mamba, 100 g	388	5,5	12,76

	kcal	Gramm Fett	% Fett
Eiscreme			
Malibu, 50 g	72	2	25,00
Eismann Eddy's Mini-Ufos, 100 g	104	0	0,00
Eismann Eddy's Fruchti-Mix, 100 g	105	0	0,00
Eismann Eddy's Commander, 100 g	100	0	0,00
Capri	53	+	0,00
Schöller Freezer Cherry	160	4	22,50
Schöller-Mövenpick (Mini) Amarena Cream	156	5,2	30,00
Schöller-Mövenpick Citronen-Sorbet	123	0,3	2,20
Ciano Erdbeer	127	3	21,25
Extreme Joghurt	183	6	29,50
Jive Waldfrucht	153	5	29,41
Motta Bären Ice Snack	216	7	29,17

+ = in Spuren; EL = Esslöffel; TL = Teelöffel; TK = Tiefkühl ... ; % Fett = Prozent Fettkalorien

Rezeptverzeichnis

Nützliche Adressen

Unter folgender Adresse erhalten Sie für 12,50 DM als V-Scheck eine Broschüre, die alle wichtigen Basisinformationen und jede Menge Produktinfos enthält:

LOW FETT e.V.
c/o Ritter Marketing Services
Sophienstr. 19
D-41065 Mönchengladbach
Fax: 0 21 61/48 18 78
Internet: www.lowfett.de
E-Mail: info@lowfett.de

Allgemeine Informationen und Empfehlungen zur Ernährung:

Deutsche Gesellschaft
für Ernährung e.V.
Im Vogelsgesang 40
D-60488 Frankfurt/M.
Tel.: 0 69/97 68 03-0
Fax: 0 69/97 68 03-99

Auswertungs- und Informationsdienst für Ernährung, Landwirtschaft und Forsten (aid) e.V.
Konstantinstr. 124
D-53179 Bonn
Tel.: 02 28/84 99-0
Fax: 02 28/9 52 69 52

Im FALKEN Verlag sind zahlreiche Titel zum Thema „LOW FAT 30" erschienen.
Bitte fragen Sie überall dort, wo es Bücher gibt.

Sie finden uns im Internet: **www.falken.de**

Dieses Buch wurde auf chlorfrei gebleichtem und säurefreiem Papier gedruckt.

Der Text dieses Buches entspricht den Regeln der neuen deutschen Rechtschreibung.

Die Autorinnen danken Frank Godenau für die wertvolle Unterstützung
beim Entwickeln der Rezepte.

ISBN 3 8068 2653 6

© 2001 by FALKEN Verlag, 65527 Niedernhausen/Ts.
Die Verwertung der Texte und Bilder, auch auszugsweise, ist ohne Zustimmung des Verlags
urheberrechtswidrig und strafbar. Dies gilt auch für Vervielfältigungen, Übersetzungen,
Mikroverfilmung und für die Verarbeitung mit elektronischen Systemen.

Umschlaggestaltung: Peter Udo Pinzer
Gestaltung: Horst Bachmann und Ulrich Klein
Lektorat: SWB Communications, Marbach: Claudia Ziesenhenne
Redaktion: Elly Lämmlen
Herstellung: Peter Beckhaus, Mainz; Petra Becker
Fotos: Klaus Arras, Köln. Außer: **FALKEN Archiv:** S. 1, 4 (A. Schliack); S. 57, 59 (M. Brauner);
S. 20 (W. Feiler); S. 29, 43, 45, 47, 61, 63 (TLC)

Die Ratschläge in diesem Buch sind von den Autorinnen und vom Verlag sorgfältig erwogen und
geprüft, dennoch kann eine Garantie nicht übernommen werden. Eine Haftung der Autorinnen
bzw. des Verlags und seiner Beauftragten für Personen, Sach- und Vermögensschäden ist aus-
geschlossen.

Satz: FALKEN Verlag, Niedernhausen/Ts.
Druck: Appl, Wemding

817 2635 4453 6271